陸軍大佐仙波太郎（明治33年）

仙波太郎家族　前列左から妻たま、次男勉、三女道子、母ヒサ、長男正、長女滋、四女文子。
後列左から継嗣毅四郎、仙波太郎（下関市　明治44年７月27日）

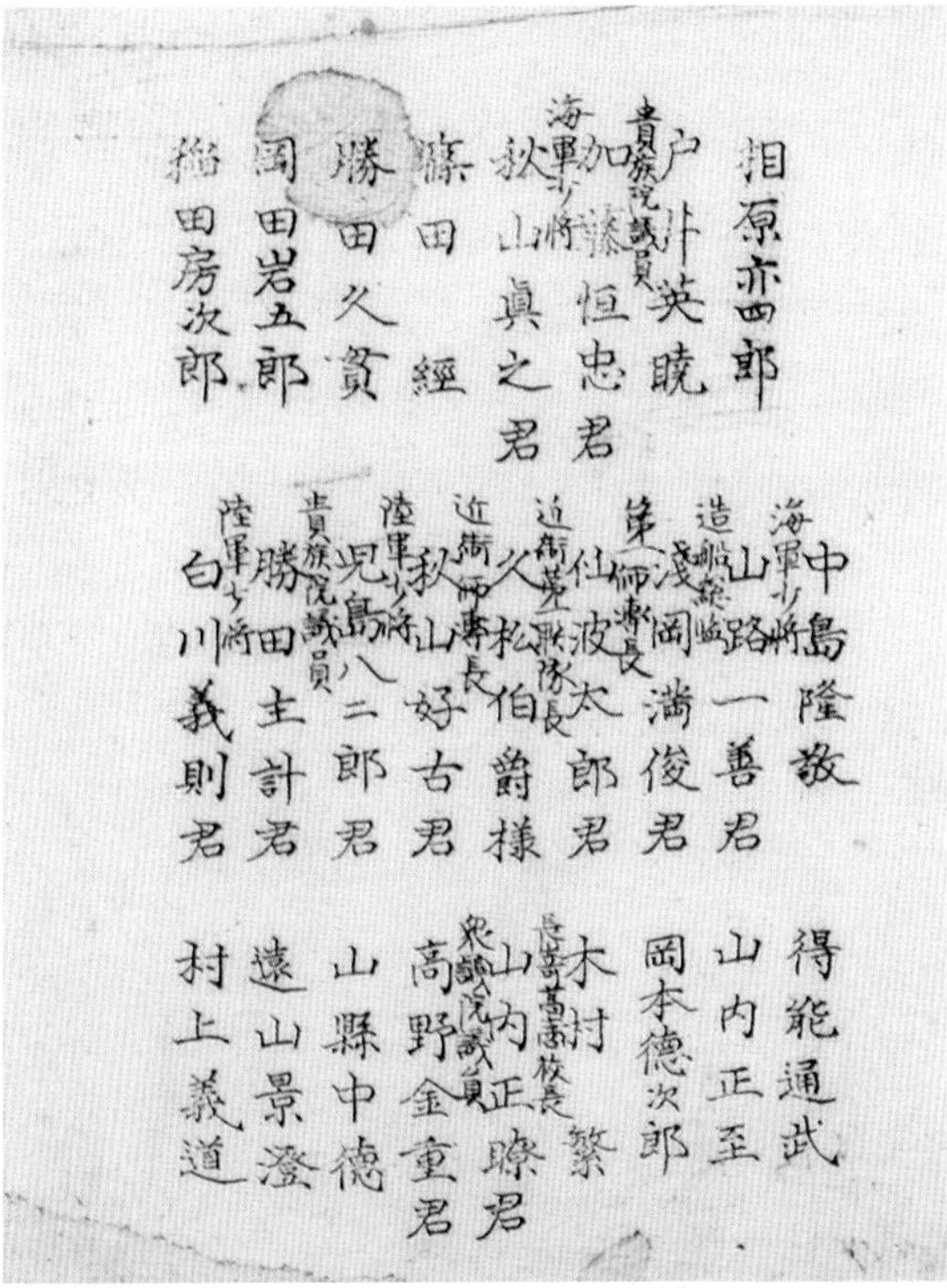

相原亦四郎
戸井英暁
貴族院議員 加藤恒忠君
海軍少将 秋山真之君
藤田経
勝田久賀
岡田岩五郎
織田房次郎

海軍少将 中島隆敬
造船総監 山路一善君
浅岡満俊君
第一師団長 仙波太郎君
近衛歩兵聯隊長 久松伯爵様
近衛師団長 秋山好古君
陸軍少将 児島八二郎君
貴族院議員 勝田主計君
陸軍少将 白川義則君

得能通武
山内正至
岡本徳次郎
木村繁
長崎高商校長 山内正瞭君
衆議院議員 高野金重君
山縣中徳
遠山景澄
村上義道

中段右から４番目が仙波太郎、６番目が秋山好古、上段右から４番目が秋山真之。
御大典における松山出身名士の記念写真（京都市・松清楼 大正４年11月13日）（常盤同郷会蔵）

鍾馗（俳画）　仙波太郎（大正８年）

仙波太郎　自画像（軸装）

鍾馗図　仙波太郎（軸装）

評伝　仙波太郎

仙波　実　監修

田所軍兵衛　著

まつお出版

監修にあたって

仙波実

技術者として電機会社に入社以来、偶然に幾度も助けられた思いがある。この世にセレンディピティ（偶然の幸運な発見）と言われるものがあるとすれば、今回の出版もこの偶然が幾重にも重なったものではないかと考えている。

一つは名古屋から栃木県小山市への転勤による下野仙波荘の発見、二つ目は松山市北久米町の大護神社の発見、三つ目は松山市の「坂の上の雲ミュージアム」での田所軍兵衛先生との出会い、四つ目は田所軍兵衛先生による、祖母たまが整理保存したと思われる祖父仙波太郎の従軍日記、祖父の手紙類などの発見、五つ目は研究所の元部下の紹介による校條《めんじょう》善夫先生（元東海女子大学教授）から、祖父が名古屋におけるドイツ人捕虜との交流を推進した資料を頂いたこと、などであろうか。

時は少し遡る。平成十二年（二〇〇〇）年九月、名古屋市周辺を襲った東海豪雨により、私が勤務する電機会社の名古屋事業所内にあった研究所も被災した。研究所創設以来、会社創立の地名古屋を基盤としてきたが、これを機会に、より安定した土質の栃木県小山市にある小山事業所内に移転することになった。

私は平成十五年七月に新設の研究所長として小山に赴任したが、母の介護の問題があり妻を岐阜に残しての単身赴任であった。

赴任してまもなくの週末、栃木県の名前の由来となった小山市の北隣の栃木市を訪れた。江戸時代初期に日光東照宮の造営で、利根川からの水運の港町として発展し、現在でも当時の豪商の住まいなどが公開され、当時を偲ぶものがある。

この栃木市の中心部から北西二〇キロメートル程先に、幕末の出流山事件でも有名な、名刹の出流山満願寺がある。その参詣途中のこと、道路標識に「葛生、仙波方面」とあった。

これが、仙波一族ゆかりという下野国仙波荘（栃木県佐野市仙波町）との最初の出会いであった。と同時に、栃木県に仙波という地名があることは、私にとって青天の霹靂であった。

我が仙波家は、伊予久米郡福音寺村（松山市福音寺町）で小規模ながら代々庄屋をしていたという。母から、仙波の出身は埼玉県川越市と聞かされていた。川越は村山

「仙波」交差点名標識（栃木県佐野市仙波町）

党仙波の発祥の地といわれ、仙波姓が多い土地柄である。

この驚きから、少し仙波のルーツを辿りたいと思い、調べてみると、祖父の出身地近くにある松山市北久米町の大護神社境内に、仙波一族の由緒が刻まれている石碑があることがわかった。本文でも触れられているが、偶然にも、大護神社の漱石（手水鉢）に曾祖父の仙波幸雄（元太郎）の名が発願主として刻まれていた。

大護神社の由緒書きの内容を要約してみると次のようであった。
一、関東八大将軍の一人結城七郎朝光（結城家初代）を祖とし、下野国仙波庄に居城した。
二、応永年間（一三九四～一四二八）、伊予に来て河野氏に仕え、伊予郡三秋に住いしたといわれる。
三、十五代仙波貞高は河野通直より久米地方の兇賊討伐の功で久米の地を賜った。
四、河野氏が絶えた後、貞高の子直貞は久米に帰り住んだといわれる。
五、慶長年間（一五九六～一六一五）、貞高を守護神として仙波祖同族神社、大護神社を創設した。
このうち結城朝光とは、小山家の祖小山正光と、源頼朝の乳母寒河尼との三男である。仁安二年（一一六七）生まれで、烏帽子親は頼朝である。

その子供が、下野国仙波荘に居住し仙波を名乗り、のち子孫が応永年間に、伊予（愛媛県）に落ち延びたということだろうか。

『仙波一族の系譜』（日本系譜出版会）によると、「仙波氏の先祖ハ田原将軍藤原秀郷の裔孫にして、那須・宇都宮・小山等比ノ一族なり。初而下野国仙波郷を領せるゆへ名氏をもって仙波と改む。文治年中（一一八五～一一九〇）、仙波次郎国平太、鎌倉右大将頼朝公ニ仕へ御上洛及富士の野狩場に供奉して、子孫代々将軍につかへ忠節屡々多し関東の豪家なり。元弘（一三三一～一三三四）より応永元頃（一三九四）ニいたり、天下闘戦盛にして仙波氏の領地保ちがたし。仙波七郎隼人と云う人、下野国を出でて豫州に到る。後、国主河野氏に仕へ、（以後略）」とある。

おおまかにいえば、藤原秀郷の末裔が、下野国仙波郷に根拠地を置いて仙波を名乗った。これが仙波氏の起こりで、鎌倉時代、源頼朝に使えていた仙波次郎国平太は、頼朝の上洛や富士の巻狩りに供奉した。その後、仙波七郎隼人が、伊予国に移り、河野氏に仕えたということだろう。

藤原北家藤原魚名が祖と伝わる藤原秀郷は、源氏、平氏と同様、武家化した貴族であったといわれている。また、田原将軍藤原秀郷の「田原」は秀郷の別名、「将軍」とは、陸奥に置かれていた鎮守府将軍のことで、のちの征夷大将軍とは異なる。伊予守護職の河野氏は、瀬戸内海を手中に治めていた大名である。

大護神社の由緒書きには、結城朝光が仙波氏の祖となっているが、結城氏も、藤原秀郷の流れである。

大護神社の由緒書きと『仙波一族の系譜』と類似している点は、仙波氏の祖は、藤原秀郷で、その末裔が伊予国の河野氏に仕えたということであろう。いずれにしても、時代背景などは非常に近いが、信憑性は定かでない。

それはさておき、小山市に赴任中の私は、単身の気軽さで北関東の当時は栃木県安蘇郡葛生町仙波といった佐野市仙波町を始め、結城市、小山市、真岡市、宇都宮市、あるいは現在の下野市などの図書館や博物館、仙波姓の旧家などを訪ね歩いた。

しかし、収穫は少なく、僅かに、足利幕府の相続騒動に起因する、永享十二年（一四四〇）の結城合戦で、敵味方共に仙波姓の武将が存在したことがわかった程度であった。

最も驚いたことは、下野国仙波庄に現在、仙波姓が見当たらず、森下姓が殆どであったことである。

偶然、森下一族で仙波町在住の作新学院大学、鳥取大学教授を歴任された国語学者の森下喜一先生から「歴史は冷徹で敗者の痕跡は残さないことが多い。当然、当初は仙波を姓とする一族があったに違いないが、仙波姓がないのは応永年間頃に佐野家との戦いに敗れた結果ではないかと推測している。現在、私を始めとする森下姓は佐野家の元家臣で、上野国森下庄（群馬県利根郡昭和村森下）が出自である。仙波町に来迎寺という寺があり、仙波姓の古い墓石が多く存在している。」というようなことを知らされた。

因みに、森下喜一先生によると、下野仙波は山地にあり、その「狭い場」を美化し、仙波になったと思われ、もう一つの武蔵入間仙波（埼玉県川越市仙波町）は扇状台地で川が近く、「船の場」が美化されたものであろう、ということであった。

我が仙波家の家紋は「折敷紋」の内の「折敷に三文字」といわれるものである。

『仙波一族の系譜』には、「其頃山賊等久米之原に伏して往来の人を侵す、仍ち屋形より大炊助（仙波貞高）に命じて是非鎮しむ給ふ。爰に貞高賊盗をことゞく打つ、以後人を侵せし事不得ず。

屋形より其ノ功を感じて久米村に八百石の采地を賜へり。武威夫より猶盛なり。其の嫡左京、家を継ぎて其名四方にあらわす。河野屋形の諱の字を免許す。其後、直貞と改める。亦屋形より三文字之紋を許ス。」とある。

伊予河野氏に仕えていた仙波貞高は、手柄をたてて八〇〇石の領地と、諱を拝領し、さらには「折敷に三文字」を与えられたということである。

家臣に対して主家と同じ家紋の授与は、仙波氏が河野氏から相当、信頼され重んじられていた表れであろう。

「折敷に三文字」は大山祇神社（愛媛県今治市）の神紋で、村上水軍の流れのひとつ河野氏の家臣であった来島村上家も、同じ家紋である。「折敷に三文字」は神事にも使用された「折敷」から紋となったというが、大山祇神社の神紋から村上氏、河野氏、そして仙波氏の家紋となっていたのだろう。

いずれにしても、仙波氏が河野氏に仕えていたことは間違いないようである。しかし、大護神社の由緒書きや『仙波一族の系譜』にある、下野国仙波荘との繋がりは、下野近辺を調査した範囲内では、確証が得られなかった。

結城氏の資料を見ても仙波が分家したことは書かれていない。今後、繋がりが解明されることを願っている。

さて、母の没後の、平成二十二年七月に妻と共に松山を訪問した。ホテルの前に司馬遼太郎ゆかりの博物館「坂の上の雲ミュージアム」があった。午後、この博物館を訪問し、石丸耕一学芸

大山祇神社の神紋

大山祇神社の石柱（愛媛県今治市大三島町）

員（現・館長）とお話しすることができた。

　当然、初対面であるが、冒頭、田所先生のご親戚ですかと尋ねられた。聞けば、仙波太郎の本を出版したいと愛媛県立高校教諭の田所軍兵衛という方に午前中、偶然にも相談を受けていたとう。私が「仙波太郎は祖父です。」というと、直ぐ田所軍兵衛先生に電話をされ、向うも驚かれ、これから来られるということです、とのことであった。

　こうして田所軍兵衛先生にお会いしたが、そのとき田所軍兵衛先生と私が、遠戚となることも初めて伺った。

これが本書の著者となっていただいた田所軍兵衛先生との出会いである。

その後、田所軍兵衛先生は、私の岐阜の自宅に三度ほどおいでになり、祖父の手紙類、日記類などを蔵の隅から見つけ出された。祖母がまとめていたものらしく、私を含め兄姉も全く父母から聞かされていない資料であった。

校條善夫先生との出会いも、私が勤めていた研究所の元部下で、名古屋城ガイドや郷土史研究会副会長をされている西野光彦氏から、仙波太郎を知っていますか、と電話で問い合わせてきたことから始まった。

本書の出版にご尽力頂いている、まつお出版の松尾一氏（郷土史家、祖母方の又従妹の俳句仲間）との出会いも、私が所属している、中山道加納宿文化保存会副会長の西村覺良先生より紹介されたものであった。

祖父、仙波太郎は幕末に松山城下の郊外の農村、久米郡福音寺村に生まれ、軍人として日清、日露戦争に従軍し、陸軍中将で退役した。退役後は故郷に帰らず、これもセレンディピティであろうか、縁あって終の棲家を稲葉郡加納町（岐阜市加納）に定めた。

この地に決めたのは、隣町の岐阜に妻（祖母）の実家があったことも大きいと思われる。当地に居を構え、さまざまな社会活動を行った。

加納と岐阜は江戸時代からライバル関係のようで、加納は城下町で中山道の宿場町、かたや岐阜は尾張藩領で、斉藤道三、織田信長時代以来の商人の町で長良川の港町であった。祖母の実家は、江戸時代より、岐阜で蝋燭、油商を営んでいた。国立第十六銀行（現在の十六銀行）創業者六人の一人でもあった。

なぜ、祖父が選んだのは岐阜でなく加納だったのか、勅任官としての矜持であろうか。祖父の希望は、駅から歩いていけるところ、のみだったらしい。恩給生活者の退役軍人としては、古い武家屋敷を購入することがせいぜいだったとも父から聞いている。

加納に転居した当時は、国鉄岐阜駅が移転して間もないころで、家の前の道路は、岐阜と加納を繋ぐかたちとなっていた。家から国鉄岐阜駅へは徒歩で十五分程度である。

加納の家は元々、中級武士の屋敷といい、梁に明治二十四年（一八九一）の濃尾大震災で折損したと云われる跡があったことを覚えている。

また、祖父は岐阜の東端の長森に、金華山から続く山並みの南斜面を購入し果樹園とした。晴耕雨読を実践したわけである。

祖父は、本書でも分かるように、青少年の教育に重きを置いたことは、陸大同期の秋山好古大将と示し合わせていたような行動理念からであろう。

岐阜に終の棲家を決めるとき「松山には秋山がいるから。」と漏らしたと聞く。松山は任せた、俺は岐阜で、という気骨に溢れている気がする。それが秋山好古をして、「仙波はよくやったよ」という手向けの言葉となったのか。

仙波太郎が他界して七回忌を過ぎたと思われる、昭和十一年（一九三七）に父母は結婚した。母の父、三辺長治は現在の富山市飯野新屋出身の内務官僚であった。山梨、徳島、岡山、宮城、愛知、大阪等の県知事府知事を歴任し、昭和九年には文部事務次官に就任している。父との縁談があったときは文部事務次官の頃と重なるが「仙波太郎の息子ならば嫁にやろうか、」と仲人に云ったという。

三辺長治は、仙波太郎の軍人時代より少し後の人である。知事として最初に務めた山梨県知事も大正十四年（一九二五）の赴任である。仙波太郎との接点はどこにあったのか。どうして知っていたのか。興味が湧くところである。

今日まで、祖父、仙波太郎の伝記は、過去複数の方々が挑戦されて果たせなかった。

父の正も生前、知人には、いつか書きたい、と言っていたそうであるが、晩年緑内障を患い、果たせなかった。しかし、それにめげず口述筆記で、二冊の自叙伝を上梓し、今回の本の中でも、かなり引用されている。その意味では、功績はあったと思われる。

従兄の場生松辰夫さんは、太郎の四女文子の次男で、お体を悪くされた関係で、著作を断念され、父母にまとめた資料を送付されていた。本書の著者田所軍兵衛先生から「図書館司書をされていただけに、年表なども良くまとめられていた」とのことである。私も学生時代、お目に掛かったことがあるが、何事にも真実を追究され、誠実であった印象がある。

叔父の、つまり太郎の次男の勉は、かなり松山での資料を収集していた。ご息女の従姉瑞子さんに伺うと、旧制岐阜中学を四年の飛び級で卒業し、望んで、祖父の故郷の旧制松山高校を選んだとのことである。

その関係もあり、松山の事情に詳しいのか、仙波家の過去帳も見つけ出していた。まとめられた資料は、死の少し前、体調を崩されたときであろうか、昭和五十四年五月から同五十六年七月まで六度にわたり、岐阜の自宅に、父と私の連名で、送付されていた。私は、父母から聞かされていなかったが、次世代に託したいという思いもあったのだと思われる。

以前から田所軍兵衛先生より、我が家の蔵にあった資料を読み込んだ上で、仙波太郎の伝記を出版したいという話を伺っていた。そこに、松尾一氏から、仙波太郎の岐阜での活動を含めた一連の伝記を出版したらどうか、という提案を受け、今回の上梓に至ったわけである。

本書を通じて、仙波太郎の生き方のほんの一面でも感じ取ってもらえたら幸いである。

令和四年八月

目次

※本文は、敬称を略した

評伝　仙波太郎

はじめに

「仙波太郎《せんばたろう》」は幕末に生まれ明治・大正期に陸軍の将官として活躍し、昭和の初めに没した人である。私がはじめてその名を知ったのは、中学生の頃、遠い親類であるという程度のことであった。

詳しく調べるようになったのは、三十歳を越えてからである。調べていくと、日清・日露の戦役で活躍し、陸軍中将になったという他に、複数の書籍や新聞記事から様々な事績を残した人であることが分かってきた。

研究が本格化する契機となったのは、仙波太郎の孫にあたる仙波実《まこと》氏にお会いしたことである。平成二十二年（二〇一〇）七月二十五日、松山での偶然の出会いから、三度、岐阜の仙波実氏宅の蔵を調査させていただく機会を得たのである。この仙波太郎が自ら建てた二階建ての蔵は、太平洋戦争による災禍を逃れ、平成の世に私を迎えてくれた。

仙波実氏によれば、戦中、空襲で周囲の家が火災を起こす中、将軍の家を燃やしてはならぬと、地元の人々が懸命に消火活動を行ってくれたおかげで焼けずに残ったという。また、蔵は幾度か盗難に遭っており、勲章や掛け軸など、複数の遺品が無くなっているとのことであった。

しかし、蔵にはまだ、自身の日記や名刺、印章の他、交遊があった人物の名刺や年賀状、そして仙波太郎宛のものおよび日露戦争中に自身が家族に宛てたものなど大量の書簡類や、当時を知る手がかりとなる資料が多数眠っていたのである。

調査に訪れたのは平成二十二年、同二十六年、同二十七年で、いずれも夏の一日であった。蚊取り線香を焚き、白熱灯に照らされた二階で、私は埃を被った資料を貪るように整理した。限られた空間での作業は骨身に応えるはずであったが、筆者にとって新しい資料発掘の興奮は、そんなものを微塵も感じさせなかった。

犬養毅、大山巌、児玉源太郎など、知った名を目にするたびに心を踊らせた。朝、蔵に入って昼食にわずかに外に出、また入ってから再び外に出た時、日はもうすっかり暮れていたが、毎度、まだ整理し足りないと後ろ髪を引かれる思いで蔵を後にしたものだった。

これらの資料の一部を拝借し、仕事の合間にわずかずつ分類・整理し、日記や書簡の解読を試みた。

今回、仙波実氏の監修の下、仙波太郎の事績を評伝としてまとめ直す運びとなったのは、そうした資料の分類・整理が一段落したからと、さらに仙波太郎に関する資料回収を行っておられた親族の仙波勉氏（仙波太郎次男）や場生松《ばしょうまつ》辰夫氏（仙波太郎四女文子の次男）の残された資料をお借りする機会に恵まれたからである。

仙波勉は昭和元年に岐阜中学校を卒業後、松山高等学校に入学し、在学中、「仙波太郎さんの話」を執筆した北川淳一郎の教えを受けており、東京帝国大学工学部造兵学科を卒業後、海軍工廠に入所、戦後になって父仙波太郎に関する伝記執筆を期して、新聞記事や書籍を収集されていたが、果たさぬまま昭和六十一年（一九八六）に亡くなった。

場生松辰夫は正則高等学校（東京・芝）で教鞭を執る傍ら、仙波太郎の伝記をまとめることを期して資料を収集、その年譜等を作成していたが、果たせぬままとなっていた。

仙波家の蔵に残されていた大正期の戸籍抄本から、仙波太郎は明治三十四年、四十六歳の時に、本籍を愛媛県温泉郡久米村大字福音寺から愛知県名古屋市西区北野町一丁目四番地に移していたことも分かった。大正五年八月十九日付けの名古屋新聞（中日新聞の前身）で、仙波太郎は記者に「第二の故郷たる名古屋」と語っており、仙波太郎が日本の中央部に位置するという立地と愛着から、当地を終の棲家としようとした明確な意思表示と捉えることができる。

退役後は隣の岐阜県に居を構えることになるが、仙波太郎が自らの拠点と定め、晩年を中心に多くの事績を残した中部地方において、その評伝が刊行されることに改めて大きな意義を感じている。

第一章　郷里・伊予松山

一、少年・青年期

幼少期の教育と青年期の苦学

仙波家は庄屋であったが、一家は明治維新前から裕福ではなく、質素倹約に努めなければならなかった。幼少期の仙波太郎も履物を買うことなど一切無く、どこへ行くにも自製の草履であったという。

仙波太郎は、幼い頃、寺子屋でわずかの間学んだ後、久米郡南久米村《みなみくめむら》（松山市南久米町）にある日尾《ひお》八幡神社の神官、三輪田米山《みわだべいざん》が開いていた私塾米山塾に入った。塾のある日尾八幡神社は、仙波太郎の生家から東南に三キロメートルに満たない距離にあった。

日尾八幡神社の神官三輪田米山が、嘉永元年（一八四八）から明治三十四年（一九〇一）まで付けていた日記『三輪田米山日記』には、仙波太郎が五歳（数え六歳）の時、父に連れられてやってきたことが記されている。この時すでに四書の『大学』を覚えていたという。同日記には、七歳の時に三輪田米山が一ケ月ほど仙波太郎を預かったとの記録もあり、幼い日の仙波太郎は米山の側近くで四書の素読や日本外史などの漢学を学び、その薫陶を受けた。

ちなみに、『三輪田米山日記』は仙波太郎のことを「仙波荘太郎《そうたろう》」とも表記し、この後も仙波太郎のことをしばしば書くなど、米山はその成長を親しく見守ることになる。

日尾八幡神社（松山市南久米町）

日尾八幡神社にある仙波元太郎幸雄
寄進の玉垣

母のヒサは、一人子の仙波太郎を非常に可愛がったが、教育には厳しかった。塾から帰って復習する時、文字を忘れたりすると、その場ですぐに教えることはせず、もう一度三輪田米山のところまで聞きに行かせたという。

仙波太郎の、そのころの生活は、塾代を払うため近所の農家の櫓《やぐら》の中で米を搗《つ》き、午後三時頃に決まって帰宅し、それから塾に通っていた。米が搗き終わるのを待つ櫓の中でも、柴刈りの合間も書物を手放さなかった。夜は月明かりを頼りに、闇夜の時は太めの線香を何本か灯しその明かりで勉学に励んだというが、これは誇張であろう。

雑誌『新青年』の大正十二年（一九二三）五月号と六月号に掲載された田所成恭《しげやす》の「某将軍の青年時代」によれば、明治元年（一八六八）、仙波太郎は十三歳という若さで庄屋職を継いだという。

ちなみに田所成恭が「新青年」に寄稿したのは大正九年から昭和二年（一九二七）までの六十五回で、ほぼレギュラー掲載であった。田所成恭は仙波太郎と同じ松山出身で、陸軍大佐で退役している。仙波太郎とは親子ほど離れているが、田所家は仙波太郎の父、元太郎の在所という親戚関係で、しかも同じ陸軍ということで交流が盛んであった。

松山藩の儒者で正岡子規の外祖父であった大原観山《おおはらかんざん》が、藩内の人物を記した『膾残録《かいざんろく》』には、太郎の父、元太郎が罪を得て庄屋職を免ぜられたが、大した罪でも無かったため、ほどなく許されて子に庄屋職を継ぐことを許されたといった記述がみえる。

明治維新後、父、元太郎が病床に伏すようになったことで、仙波太郎は生計を支えるために、主たる労働力としてさらに働かざるを得なくなった。「某将軍の青年時代」には、権右兵門なる隣村の庄屋が、借金の取り立てに病床の父の枕元までやって来て、担保としていた田畑をせしめていく様子などが記されている。

明治五年に庄屋職が廃止されると、家計は更に困窮した。『松山領里正鑑』には、福音寺村里正として仙波太郎の名が見えるが、石高は久米郡の中で最も低い。仙波太郎が農事の傍ら、行商に赴くようになったのはこの頃からであった。

夏には、松山城下の西北にある三津浜（松山市三津浜）で魚や蜆《しじみ》を買い、それを松山で行商して、夜遅くに帰った。仙波太郎が住む久米郡福音寺村（松山市福音寺町）から松山城下を経て三津浜まで、直線で八キロメートルほどだろうか。

司馬遼太郎の小説『坂の上の雲』では、少年時代、松山で魚の行商を行っている仙波太郎が登場している。小説のモデルとなったのである。

冬場には北梅本村（松山市北梅本町）の山奥の入会林《いりあい》で粗朶《そだ》を刈り、それを焼いて炭にし、町へ売りに歩いたと伝わる。後年、小野村（のち北梅本村と他の村が合併した村名）の人々は、仙波太郎が粗朶を刈った駄場を「仙波将軍駄場」と呼んだそうである。『伊予偉人録』（城戸八洲）は、木炭を仕入れに行った場所として北吉井村（愛媛県東温市北吉井）の山奥、薪を刈りに行った場所として湯山村（松山市溝辺町）も記している。

「某将軍の青年時代」には、この頃、近在の庄屋の子で、同い年の兵馬《ひょうま》とその従弟、市之進《いちのしん》らは、比較的裕福で、松山の儒学者三上是庵の塾に寄宿して漢学を学び、行商している仙波太郎を見かけると、「惣太」と呼び捨てにしてからかっていたという逸話が書かれている。このころまで、仙波太郎は幼名の惣太郎を名乗っていた。

塾に通う金も暇も無かった仙波太郎は、行商を終えて帰宅し、夕食を済ませた後、再び松山城下に出て湊町の大和屋という本屋で立ち読みすることで新知識の吸収に努めた。稀には上手く値切って本を買うこともあったが、いつもは規定の見料を払って二時間ほど読み耽った。

そのうち、風雨寒暑をものともせず通ってくる熱心さに感心した店の主人が、無料で読ませてくれるようになったという。

また、文明開化の新刊書を買い入れては篤志の人に読ませていた松山の有力な商家で、後に松山市議会議員となる、小田喜八郎《おだきはちろう》の宅にも足しげく通った。仙波太郎の家から小田宅までの道のりは片道約六キロメートル、往復約十二キロメートルであった。

仙波太郎は、ここで福沢諭吉や中村敬宇の著作や翻訳書などに触れ、西欧の文明、文物について広く知ることとなった。

「某将軍の青年時代」によれば、仙波太郎が小田宅を初めて訪ねたのは明治七年の正月で、離れ座敷に通され、その日の晩までと翌丸一日かけて福沢諭吉の『世界国尽し』を全て書写した。三日目に福沢諭吉『西洋事情』慶応二年（一八六六）版を三冊、翌三年版三冊の計六冊を見せてもらい、チャンブル（チェンバース）の経済書などに圧倒されたことなどが記されている。

「某将軍の青年時代」に仙波太郎が新知識を得た感動について詳しく書かれているところから、田所成恭はこれを執筆する直前、つまり大正十二年の初めに仙波太郎から当時のことを直に聞き、随筆という形でまとめたと考えられる。

明治七年春、小田から前年に陸軍省直轄となった下士官を養成する陸軍教導団の入学試験が松山で実施されることを知らされた仙波太郎は、受験すべきかどうか父母に相談した。父にしてみれば、軍人にすることよりも、今の貧しい生活から解放させたいとの思いであったろう。仙波太郎自身にとっても、軍人になりたいという動機よりも、これによって幾分かでも今の貧しい境遇から脱し、新しいものを見たいという欲求が強く働いていたであろう。父はぜひ受験せよと励まし、仙波太郎は受験した。

同七年の秋、戸長役場に赴き、陸軍教導団合格の通知を確認した。学校や塾に通うことも無かった青年期の仙波太郎は、ほとんど独学で立身の糸口をつかんだのである。

しかし、病床の父を残し母一人に生業を任せる忍びなさに、仙波太郎は入団を断ることを思案する。「某将軍の青年時代」には、合格の知らせを知った一日、悶々とする仙波太郎の姿を記している。ところが、病床の父に合格の事実を伝えると、「立身出世の素志を貫け」と大いに励まされ、上京する決意を固めたのであった。

しかし、家には上京するための旅費が無かった。そこで、隣家の米屋に頼んだが初めは断られた。出世払いということで再三頼み込み、ようやく二、三俵の米をもらい受け、それを換金して何とか旅費を確保することができた。この米屋は池田大三郎とも伝わるが、当時大三郎よりも羽振りが良かった池田大三郎の兄、林太郎の池田家本家かも知れない。

出立の日、家を出てから振り返った時、病床の窓越しにこちらを見る父に会釈をした。母、ヒサは村はずれまで見送ってくれた。叔父の松田通博（母ヒサの弟）が親戚総代として三津浜まで同行した。仙波太郎十九歳、海路、伊予松山を後にしたのである。

『伊予偉人録』（城戸八洲）や『愛媛先哲列伝』（木黄田洗耳）は、青年期の仙波太郎の苦学の姿を称して、「伊予の二宮金次郎と呼ばれた」と紹介している。

司馬遼太郎の小説『坂の上の雲』に「立身出世主義ということが、この時代のすべての青年をうごかしている」とあるが、仙波太郎も生業の傍ら、身を立てるために知識の吸収に努め、広く開かれた門戸から立身の糸口をつかみ、郷里・松山から巣立ったのである。

現在の三津浜港（松山市三津浜）

この青年期のひたすら生きる姿は、後年、岐阜県稲葉郡加納町（岐阜市加納）を拠点に、退役後も社会活動に貢献し続けた姿にも重なって見える。

『久米村誌』には、慶応四年三月（九月明治改元）、仙波太郎が十四歳の時に隣家の池田大三郎（当時二十四歳）に同行し、四国八十八箇所巡礼の旅に出かけこれを踏破し、途中、寺の和尚に「この児は将来大器となる」と告げられたという逸話が掲載されている。

生誕および父母のこと

仙波太郎は、安政二年（一八五五）四月二十一日、松山城下から三キロメートルほど東南に位置している純農村地帯の伊予国久米郡福音寺村の庄屋、仙波元太郎《げんたろう》（諱名・幸雄《ゆきお》）と母ヒサの間に、長子として誕生した。父元太郎は元来、和気郡馬木村（松山市馬木町）庄屋、田所万蔵《まんぞう》の三男（幼名吉松）として文政十（一八二七）年に生まれ、養子として仙波家に入った。

祖父、伝次には実子の男子があったが、これを伊予郡八倉村（伊予郡砥部町八倉）の窪田家に養子にやり、他家から入婿入嫁をして家を継がせた。天保年間（一八三〇〜一八四三）のことである。ちなみに、祖父、伝次は仙波太郎の生まれる前年の嘉永七年（一八五四）七月二日に、祖母は仙波太郎が生まれた翌年の安政三年十二月七日に他界している。

仙波太郎は、幼名を惣太郎といった。これは、父方の遠祖である田所家の通り名である「惣」の字に因むもので、青年期までの太郎は幼名を用いた。陸軍に入るに当たり、「太郎」を称した。父元太郎の長兄は、田所与惣衛門《よそうえもん》である。仙波太郎に兄弟はなく、一人子であった。

日尾八幡神社には、仙波太郎が生まれる前年の嘉永七年八月に仙波元太郎が寄進した玉垣が残る。また、安政六（一八五九）年には、大護神社（松山市北久米町）に漱石（手水鉢）を寄進している。『三輪田米山日記』には、安政六年十二月、三輪田米山に、大護神社の手水鉢への揮毫の依頼に酒を持ってきたこと、翌七年正月には、その揮毫の謝礼を送って来たことが記されている。

大護神社（松山市北久米町）

大護神社の漱石

〔安政六年〕十二月十七日。曇、時々少雨降る。
福音寺庄屋仙波元太郎来る。北久米村大護社手水鉢の文字を頼み、酒さし出し云々…。
〔安政七年〕正月十七日。晴曇相半ばす。
福音寺庄屋仙波元太郎方へ、去る暮れ北久米村大護社手水鉢の文字認候礼として、謝義八匁を送来居候を返却に及ぶ。…

『三輪田米山日記』（松山市史料集8）

この依頼が行われた安政六年、仙波太郎は四歳であった。

また同日記には、仙波元太郎が安政六年十月、帯刀および苗字を名乗ることを許されたことも記されており、祖父伝次の亡くなった嘉永七年からこの頃にかけ、仙波元太郎は地域を支える庄屋として、精力的に活動していたことがうかがえる。

しかし、しばらくすると、先項の大原観山『膾残録』にあるように、免職といった経緯が、苦しい経済事情につながったと想像される。仙波太郎が庄屋職を継いだのは明治元年である。

明治五年に石鉄県（当時の愛媛県と香川県）から仙波幸雄、つまり元太郎に宛てて発行された、いわゆる壬申地券は、これまで有していた久米郡の土地の所有を認めているが、同時に庄屋職が廃され、また、以前と同じだけの面積の土地を保証されたわけではなかった。いずれにせよ、明治初頭における仙波家の経済状況は、自分たちが生きていくだけで精一杯であったことは想像できる。

『伊予史談』（伊予史談会）の第一三三号（昭和二十八年）から一三七号（昭和二十九年）まで

五回連載された「仙波太郎さんの話」（北川淳一郎）によれば、父、元太郎は、飄逸磊落《ひょういつらいらく》な大酒家であったが、一方では謹厳実直であった。暮らし向きはそれほど豊かでもないのによく施しを行ったという。

父、元太郎は、甘酒を売りに松山の石手川の土手に行き、道行く遍路に全て無料で飲ませて帰ってきたこともあった。また、十六、七歳の頃、叔父の遺骨を拾うため、単身江戸まで出かけ、夜陰にまぎれて墓穴を掘り返し郷里に持ち帰ったという逸話もある。また、能書家であり、「敵討伊賀越荒木又右衛門」といった大冊の読本を手写するほどの筆まめで、好んで志士仁人の話をしたと伝えられている。仙波太郎もその方面の薫陶を少なからず受けたに違いない。

母のヒサは久米郡窪田村（松山市久米窪田町）の庄屋、松田安右エ門の長女として文政十二（一八二九）年に生まれ、嘉永元年十月五日、十九歳の時、仙波家に入籍した。弟に通博があった。ヒサも夫と同じく人に尽くすのが好きで、誰が来ても極めて質素ながら必ず食事をふるまった。

後年、仙波太郎が東京に母を呼び寄せ一緒に暮らしていたころ、野津道貫陸軍大将や福島安正陸軍大将がよく仙波家を訪ねたが、これは、母のヒサに会っていろいろ話をするのが楽しみであったからだという。ヒサの人柄が偲ばれる。

また、後年、仙波太郎の浄瑠璃が加藤定吉海軍大将と好一対の玄人はだしであったことは軍内でも有名であったが、これも母の影響が大きい。

ヒサは年に一度、晩春の頃、淡路の国からやって来る浄瑠璃興行が楽しみで、幼い仙波太郎を連れて毎回見物に出かけた。仙波太郎も村の農閑期には太功記や玉藻前などの義太夫を稽古したという。後年の仙波太郎は義太夫をやってくれと人に請われてもやらなかったが、「お母さんの好きな義太夫を聞かせてください」と言われると、快くやってのけたということである。

後年、仙波太郎は「わしがいくらか世間に知られるようになったのは、みんな母の賜物である。福音寺での貧乏暮らしの数年間、あの頃ほどわしは愉快だったことはない。仕事がどんなに辛く苦しくとも、ニコニコとわしを迎えて喜ぶ母の顔を見るといっぺんにその苦しさが吹き飛んでしまったよ」(「仙波太郎さんの話」)とよく人に語った。気丈な母が貧しい福音寺時代から陸軍に出仕して以降も大きな支えとなった。

明治八年三月に父元太郎が他界して後、仙波太郎は母を東京に迎えて暮らすが、いくつになっても母を「おかあ、おかあ」と呼び、母は一人息子をいつも「太郎さん」と呼んでいたということである。

二、上京後

郷里への凱旋　～星岡表忠碑のこと～

明治七年（一八七四）に上京した仙波太郎が、再び郷里に戻ることができたのは、五年後の明治十二年二月のことであった。

『三輪田米山日記』は、仙波太郎が二月十四日に陸軍士官学校の卒業証書を持ってきたこと、二月十六日には双眼鏡（オペラグラス）を持ってきたこと、二月二十日には日尾八幡宮で扇二本に揮毫したことなどを記している。初期の陸軍士官学校における官給品や記念品については不明な点が多いが、『三輪田米山日記』には、「仙波太郎来、朝廷より御下賜望遠鏡」とあることから、この時仙波太郎が持ってきたのは士官学校卒業記念の恩賜品としての双眼鏡と考えられ、仙波太郎が晴れがましい気持ちで持ってきた双眼鏡を三輪田米山が、目を細めて手にしている様子が目に浮かぶようである。

四月二十七日に「室屋にて仙波太郎と同席話す」とあることから、少なくとも二月半以上の帰省が叶ったようである。

仙波太郎は陸軍教導団に入った翌年、試験を受けて陸軍士官学校に入校する。

「仙波太郎さんの話」によれば、仙波太郎は上京後、叔父、松田通博の学兄、河東坤《かわひがしこん》（俳人碧梧桐の父）を毎週末、訪ねたという。陸軍士官学校への受験は、河東坤の薦めによるものであった。

大正四年一月八日付け、名古屋新聞の「仙波将軍立志譚・五」（亀本秋人）や、同じ内容が掲載された、大正四年一月十三日付け、海南新聞（愛媛新聞の前身）の「仙波将軍・五」は、東京府京橋にあった吉川半七の書店（吉川弘文館の前身）で、例の立ち読みによって独学し、士官学校の受験に合格したと伝えている。

こうして仙波太郎は、将校養成機関として明治八年に創設された陸軍士官学校を受験し見事合格した。

合格の朗報を故郷に知らせるべく喜び勇んで手紙を認《したた》めた翌日、松田通博からの手紙を受け取った。そこには「予々申聞かせておいたこと篤《とく》と胸を据え素志を貫き徹してくれ。父は草葉の蔭からお前の行く末を見まもっている。」などという父の遺戒が添えられた父死去の悲報を知らせるものであった。

父元太郎は明治八年三月十二日、四十九歳で没し、福音寺村（松山市福音寺町）土亀山麓の先祖代々の墓に葬られた。戒名は「徳照院元朗徹雄居士」であった。

その後、明治十一年四月に士官学校を卒業すると、士官見習として東京鎮台に配属され、翌十二年二月に陸軍少尉に任官し、このときようやく帰郷の機会を得たのであった。

五年振りに郷里の土を踏んだ仙波太郎は、父の菩提を弔い、上京の際に借金した米屋に返金を果したのであった。

陸軍少尉として郷里への帰省を果たした仙波太郎について、先の「仙波将軍立志譚」に、「駄馬の背に薪炭を載せて毎日松山へ通った当時の少年太郎を回想して無限の感慨に打たれ」とあるように、その幼年期を知る故郷の人々にとって、軍服を着た凜々しい青年仙波太郎は、目を疑うような姿であったろう。

「仙波太郎さんの話」や「某将軍の青年時代」に、「故郷に錦を飾った」と記されているとおり、少尉クラスであっても、当時の一地方においては稀なことであった。

また、「仙波太郎さんの話」には、この帰郷の際に催された歓迎会の逸話が記されている。

それによると、三輪田米山と古い学友等が帰郷した仙波太郎を迎えて一夕盛大な歓迎会を催した。仙波太郎は主賓として三輪田米山と並んで座り、かつての師と感無量の思いで飲み交わした。仙波太郎が宴を終えて玄関を出ようとした際、古い学友が仙波太郎の履物を揃えた。

そばにいた三輪田米山は、「おお、お前達たち、仙波のために履物を揃えたか」と両の老眼から感激の涙を流した。

かねてより、三輪田米山は弟子等に、「仙波は将来必ず偉い者になり、天下にその名をあげる。お前等はいま太郎を貧乏だと云っていじめるが、いまにお前等は太郎の履物を揃えねばならんようになる。」と言っており、今まさに現実になったことに、三輪田米山も思わず思いが溢れたのであったろう。もしかすると、この履物を揃えた「古い学友」は、『某将軍の青年時代』にあった兵馬や市之進かも知れない。

士官学校卒業後、仙波太郎は母のヒサを東京に呼び寄せた。『久米郷土誌』によれば、福音寺の仙波家の田地、屋敷、先祖祭りなどは池田大三郎が村の人々と相談して整理し、定米四・五俵代は毎年換金して東京の仙波家に送金していたということである。

士官学校卒業から五年後の明治十六年（一八八三）四月、仙波太郎は陸軍大学校に一期生として入校した。

陸軍大学校在学中の翌十七年五月、土居通増と得能通綱の表忠碑建立を発起し、叔父の松田通博、その他、吉田格堂、鈴木安職ら地元有志とともに郷里伊予久米郡石井村（松山市星岡）の星岡に建碑を行った。土居通増と得能通綱は、南北朝時代に後醍醐天皇の側に付いて「元弘の星岡合戦」を戦った河野家の一族であった。

この建碑の動機は、同年四月に、明治天皇が土居と得能の忠節に対し正四位を贈られたことに感奮興起したからであった。月四・五十円に足るか足らぬかの薄給学生の身でここまで成し得たのは極めて稀な例であるとともに、軍に在籍中に仙波太郎が郷里に残した足跡として特筆すべきものである。

「星岡表忠之碑」の表書は伏見宮貞愛親王が染筆、裏面の由緒書は元松山藩士で漢学者であっ

星岡表忠之碑（松山市星岡）

た藤野正啓（海南）の撰で河東坤がこれを書した。

上京後および退役後の郷里との交流

仙波太郎は上京後も郷里への愛着を持ち、郷土に貢献したいとの思いを持ち続けていた。その一例が、『久米村誌資料集』に残る明治四十二年の「久米村通俗文庫規定」である。その第二条に次のようにある。

本文庫は本村出身陸軍少将仙波太郎氏寄附金並びに有志の寄附金を以て通俗的書籍新聞雑誌を購入し且つ一般寄贈書を蒐集して村民に閲覧せしめ智徳の修養と精神的娯楽を与え以て寄附篤志を永遠に持続するを以て目的とす

この「久米村通俗文庫」は、少将時代の仙波太郎が日露戦争後間もなく、郷里の久米村に少なからぬ図書費用を寄付してできたもので、仙波太郎が郷里の文化教育活動に気を配り、実際に貢献した例である。

仙波太郎は終の棲家として岐阜県稲葉郡加納町（岐阜市加納）に居を構えた後も、郷里である愛媛県にはしばしば帰っていた。本原武之亮の回想録「仙波太郎物語」（松山東高等学校同窓会誌『明教』第三十五号）によると、留守師団長を終えて正式に退役した大正八年以降は、毎年父元太郎と母ヒサの墓参りに帰っていたという。

その母ヒサは、大正四年十二月十二日、米寿で病没している。ヒサは亡くなるその晩まで食事は極めて質素で、滋養に良いからと言って勧められても生卵や牛乳は口にせず雑炊ばかり食していたという。病床の母の枕元で仙波太郎はいつも深夜まで看病に当たっていた。仙波太郎にとっては、炊事や肩たたきなど老母の世話は日常茶飯事であった。

母の死後、東京・落合の火葬場で荼毘に付したが、仙波太郎は軍服のまま一人パンをかじって火葬場で夜を明かし、翌朝骨上げに来た家人とともに帰宅したという。（『近代武人百話』金子空軒）

ヒサの法名は「徳光院寒月慈信大姉」。父元太郎の眠る伊予松山の福音寺墓地に葬られた。

さて、仙波太郎は、大正六年四月、予備役編入となった。

翌大正七年、郷里にほど近い久米小学校で「戦後に於ける青年の覚悟」と題した講演を行っている。

その内容は、当時ヨーロッパで行われていた第一次世界大戦の戦況について具に述べられ、日本が戦争に巻き込まれた場合、今の国力では到底太刀打ちできないと述べる。また、日本軍がドイツ領青島を占拠したことに触れ、「今日の如く青年が唯徒《ただいたず》らに戦勝の美酒に酔い平和の夢に戯れていたのでは、日本の将来は実に累卵にも等しい危険に在り」と述べ、現在の好景気を慢然と貪ることの危さを説いている。さらに、「農村の青年と雖も、商業のことにも亦熱心であらねばならぬ。」と、大戦後は通商貿易で対等に渡り合うため、将来を担う「国家の相続者」としての青少年の幅広い学びの必要性を訴えている。

大正八年、仙波太郎は留守第十二師団長を務めた後、下賜金を賜ったが、これを私すべきものではないとして、匿名で、愛媛県の久米村青年団と岐阜県教育会にそれぞれ一〇〇〇円を寄付した。

仙波太郎は、標高五十メートルたらずの土亀山《どがめやま》（松山市福音寺町）にある父母の墓の参詣のたびに、郷里の久米村や福音寺村の人々とは親交を続けていた。

なかでも、上京前から交流があり、上京後も長く世話を焼いてくれた池田大三郎のほか、栗田家とも交流が深かった。

明治から大正にかけて栗田家は五軒あった。（現・福音寺区長の栗田光久　談）

栗田光久の家には、「仙波将軍御田地定米帳」（昭和二年）などが保管されており、曾祖父の栗田鶴吉や祖父の栗田定一（貞市）と交流があった。

栗田正芳の家には、仙波太郎が明治期に福音寺村村長を務めた栗田啓次郎に宛てた、日清戦争の戦況を伝える手紙が保管されている。啓次郎の孫にあたる栗田恒忠は、福音寺区長を務めた昭和六十年代、仙波太郎生誕地の保存に尽力している。

栗田恒忠によれば、仙波太郎は帰省のたびに福音寺の家々を訪れ、農具の手入れなどを怠っていないか見て回ったので、「仙波将軍が帰ってくる」と聞くや、皆、戦々恐々としていたという。

また、啓次郎とは別の栗田家の栗田徳次郎（徳太郎か）は、仙波太郎が死の直前、枕頭に招いて遺言を残すほど深い親交があった。郷里の人を代表して遺言を聞いたのかも知れない。

『久米郷土誌』（久米郷土誌編集委員会）には、仙波太郎が郷里の福音寺村には毎年足を運び、

松山城から見る土亀山（松山市）

実家の屋敷跡に残る喬松を見るのを楽しみにしていたことも書かれている。

仙波太郎は、父、元太郎の生家に当たる和気郡馬木村の田所嘉福《よしとみ》家にも、帰郷の際はしばしば訪れていた。「仙波太郎がよく家に泊まりに来ていた」（仙波太郎の叔父、田所嘉福の子、田所正勝、談）

田所嘉福の次男、田所成恭陸軍大佐（陸大十七期）と、仙波太郎とは現役時代に多数手紙が交わされていた。仙波太郎は留守第十二師団長の時に、大分連隊長としてシベリア出兵の最前線にあって多くの将兵を失った田所成恭陸軍大佐へ励ましの手紙を送っている。

昭和二年、仙波太郎は、松山に帰省し馬木村の田所嘉福のもとを訪れたが、この帰省が最後の帰省となった。

仙波太郎は、昭和三年秋発病し、翌四年他界したからである。

仙波太郎は死後、岐阜県稲葉郡加納町（岐阜市加納）の穴釜共同墓地に葬られた後、分骨され郷里、福音寺の土亀山にある父母の眠る墓の隣に墓が建てられた。「両親の石塔と同等以下にしてくれ。戒名はいらぬ、ただ『仙波太郎墓』とだけでいい」との遺言に従った墓に、先妻ケイとともに眠っている。

従兄弟の本原正利とその妻貞や、愛媛県出身の本多政材陸相、高級副官等の尽力により、当時の陸軍大臣、宇垣一成が墓碑を揮毫した。これは仙波太郎が陸軍士官学校生徒隊長時代（明治二十九年・中佐）、宇垣一成が全校区隊長として仙波太郎を補佐していた縁からでもあった。

土亀山の仙波太郎墓所（松山市福音寺町）

日記に見える郷里のこと

仙波太郎は、明治二十七年八月四日から大正十四年十二月三十一日まで断続的に日記を付けている。この日記の中に、郷里、伊予松山の人々との交流や帰省した記事が残っている。少し長いが抜粋して引用する。

〔明治四十三年〕
一月九日（日）晴　松山人一同久松伯ニ年始ヲ述ブ。酒肴ヲ受ク。
十月六日（木）晴　北村病院ニテ診断ヲ受ケ、夕、久松邸ニテ松山軍人会催フサル。本年春、陸軍大学校卒業ノ松山人七名ニ達ス。堀江村ノ武知優出タリ。
十二月四日（日）…久松伯ノ紅葉館ニ於ケル饗宴ニ列ス。招待セラルモノ第三聯隊将校全部六十名ナリ。

〔大正五年〕　待命の年
六月十二日　午前内藤鳴雪ヲ訪ヒ、昼ヨリ谷中美術院ニ赴キ、タゴール氏将来ル。○ノ印度美術院有名ノ人々ノ作ニカカル小品百五拾許《ばかり》ヲ閲セシガ大部分ハ佛画ナルモ山水花鳥ナドモアリ、古代埃及希臘ニ似タル処アリ。又完ク洋画ノモノモアリ。何レモ逸品ト思サル。皈途、下村為山宅ヲ訪フ。
八月九日　知人大阪難波久保吉町、新田長次郎氏ノ経営セル新田製革所、此夕、全部焼失ス。死傷二十五名ト云フ。惨鼻ノ極ト謂フベシ。（損害三十万金ト云フ）
八月二十一日　終日来客群集。夕、神尾大将、秋山中将…ノ人々ト共ニ陸軍大臣ノ饗応ヲ受ク。

〔大正十二年〕　衆議院議員時代

一月二十七日　晴　休日　三輪田老女史ヲ訪フ。…
三月十一日　曇　内藤鳴雪老ヲ笄町ニ訪フ。…
三月十二日　曇　本会議。三輪田家ニ赴キ、夫人逝去ニ付弔意ヲ表ス。
三月三十一日　晴　夕七時半、嬢、文子ト共ニ岐阜駅出発両○○、…汽車ハ京都ヨリ岡山マデ中々ニ混雑セリ。
四月一日　晴　午前十一時二十分広島ニ着。直ニ園田家ニ入リ懇待ヲ受ク。午後、饒津公園ヲ散策…。
四月三日　夕七時、場生松家ニテ文子婚儀ノ式ヲ挙行ス。
四月五日　終日雨　文子、母堂ト共ニ来訪。午後、予ハ嬢ト別レ汽車ニテ吉浦ニ至リ同地ニテ連絡船ニ乗リ午後六時三十分（海上三時）高浜着。本原、高山等ノ出迎ヲ受ケ本原ノ家ニ宿ス。
四月六日　晴　風アリ。久松伯ヲ別邸ニ訪ヒ、野中保教宅ニテ昼飯シ、母堂及松田○○郎出ト道後公園ニ遊ブ。
四月七日　晴　午後、正岡村ニ至リ青年等ト地方人ニ講話。

仙波太郎の日記

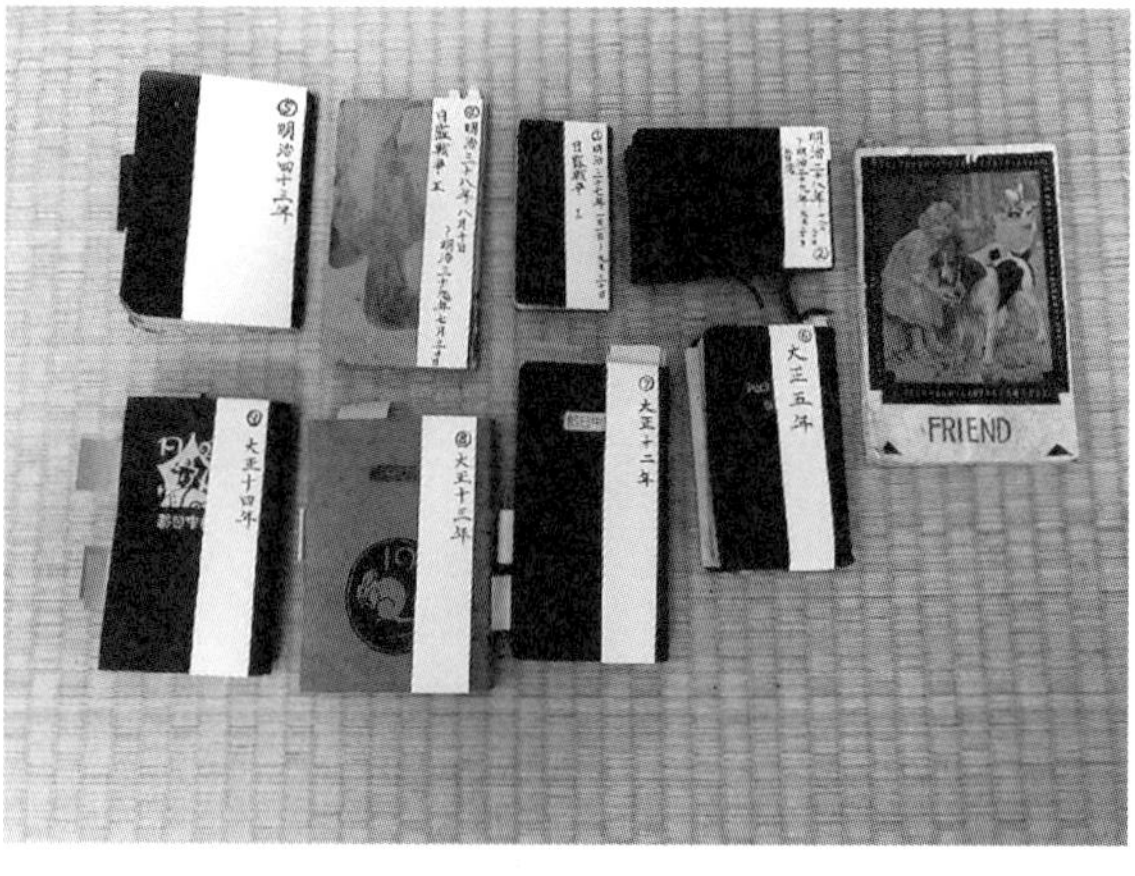

四月九日　晴　本原、高山郡署員等ト共ニ水上警察署ノ厚意ニテ同署用汽船ニテ十時、三津發船。興居島ヲ右手ニ見、二三ノ島嶼間ヲ縫イテ正午前ニ中島ニ達ス。景色信簾ニシテ気持壮快云フベカラズ…。五時マデ講演シテ…皈宿セシハ八時ナリ。

四月十一日　曇　冷　十二時半、自動車ニテ松山ヲ発シ、大洲ヲ経テ午後四時（二十里）八幡浜ニ達ス。松井郡長（知人ナリ）等ノ迎ヲ受ケ旅宿ニ入リ、夕食ヲ共ニシ久闊ノ情ヲ叙ス。…　散リ際ニ未練をとめぬ桜かな

四月十二日　曇　風アリ、冷　川ノ石町（八幡浜ノ西壱里半）小学校ニ至リ講演。…栗田徳次郎長男病死ノ電報ニ接ス。痛惜ニ堪ヘタリ。

四月十四日　晴　午後…三瓶ニ至リ◯◯小学校講堂（巾七間長十間）ニテ講演。同地ニハ山下氏ノ独力経営ニカカル高等女学校アリ。…

四月十五日　晴　午前、宇和島ニテ講演シ、午後、宍戸氏及宇和島市助役同乗ニテ自動車ニ乗シ、三時間ニシテ城辺町ニ至リ松屋ニ投宿ス。…

四月十七日　雨（田舎雛節句）城辺御荘町滞在。公会堂ニテ講演。…

四月十八日　晴　午前、揮毫ナドナシ、午後、自動車ニテ三時宇和島ニ返リ、中原ニ投宿シ歓待ヲ受ク。…本日途中◯◯カニ闘牛場ヲ見シガ各種ノ幟林立シ、見物人真黒ニ充満シ、場ニ入ル闘牛ノ如キハ盛ンニ装飾シ、十数ノ幟ニ横綱四国一等ノ字ヲ書シタルヲ押出テ壮観目ヲ驚カス。

四月十九日　曇　朝八時、中原ヲ辞シ自動車ニテ十時ニ宇和町ニ着。郡長等ノ案内ヲ受ケ午

食後小学校ノ講堂（九間・十一間）ニテ講演ス。…
四月二十日　晴　午前、揮毫ニ忙殺サレ、午後、中川村ニ至リ講演。…
四月二十二日　曇　…。九時、自動車ニテ宇和町發。…十一時、大洲ニ着シ昼飯。午後一時〇、四時松山着。直ニ本原ニ投宿ス。「釣垂る々人あそここに若ミどり」
四月二十三日　晴　午前、野中安〇〇〇山大佐ニ会見。午後、本原ヲ伴ナヒ土亀山ノ墓参ヲナシ、福音寺ニ至リ旧宅ノ隣ニ軒ニ土産物ヲ贈リ久米縁リ汽車ニテ皈ル。福音寺ニテ旧知窪田某（八十五強健壮者ヲ〇〇）及〇〇〇祖母（七十五）ニ遭フ。…
四月二十五日　曇　連隊ニテ将校見習士皆一同ニ講演ス。…
四月二十八日　雨　午前、揮毫後、植民博覧会ヲ観ル。正午、本原ヲ辞シ同人、高山等ノ送リヲ受ケ高浜ニ至リ乗船。午後二時四十分発、五時吉浦着。直ニ汽車ニテ広島ニ赴キ場生松ヲ訪ヒ夕食後、園田ヲ訪ヒ夫婦ノ送リヲ受ケ、九時四十分発汽車ニテ東上ス。
四月二十九日　晴　朝七時半、京都着。十時五十分発ノ汽車ニテ出立。午後三時皈宅。

〔大正十三年〕
二月二十七日　晴　午前、久米村助役及学校長訪来リ、午後ハ不日催フスべキ敬老会男女四十名ニ分ツベキ揮毫ヲナス。
二月二十八日　曇　温　朝、高浜ニ至リ久松伯及家族ノ皈郷ヲ迎フ。…
三月二日　晴　夕、秋山大将ト共ニ久松伯夫妻ノ供応ヲ受ク。邸ハ一番町地方裁判所ノ後方ニ在リ。眺望広濶、建築宏壮美簾ナリ。
三月五日　晴　男師範付属教育（去年ヨリ自由教育）ヲ視察ス。
三月六日　晴　三津ニ至リ女子師範付属ヲ視察ス。
三月七日　城濠を繞る梅花や影匂ふ　松山城址
四月二日　微雨　終日揮毫。愛媛県第二区（温泉伊与）ヨリ立候補ヲ頻々ト促ガシ来ル。皆謝絶ス（愛媛青年会将軍後援会）。

明治四十三年の日記には現役時代に東京の久松定謨《ひさまつさだこと》らとの関わりが、大正年間の日記には待命後に愛媛県を訪れたことが記されている。

大正五年の日記には、内藤鳴雪《ないとうめいせつ》、下村為山《しもむらいざん》、新田長次郎といった同郷人との交流や関心を示す記事がみえる。

大正十二年の日記には、当時、衆議院議員だった仙波太郎が、衆議院の本会議を終えて間もなく、約一ヶ月に渡り愛媛県に滞在し、県内の各地を巡ったことが記されている。汽車で岐阜駅から京都、岡山を経て広島に向かい、四女、文子の結婚式に出席している。文子の嫁ぎ先が、広島の陸軍軍医、場生松長夫であった。広島市から汽車で呉に移動し、吉浦から連絡船で高浜港に着き、松山での定宿としていた木屋町一丁目の従兄弟、本原正利の家に投宿している。

愛媛県内では、高浜、道後、正岡村、中島、吉井村牛渕、大洲、八幡浜、川之石、宇和島、御荘町、宇和町、中川村、南伊予村など中南予を経巡り、講演や揮毫をして回った様子が記されている。

大正十三年四月二日の日記には、すでに愛媛青年会将軍後援会なるものが立ち上がり、愛媛県第二区から頻繁に衆議院議員への出馬を促されたが、断ったことなどが書かれている。仙波太郎は一月に岐阜三区の衆議院議員の任期を終えたばかりであった。

大正十三年、三月六日に「三津ニ至リ女子師範付属ヲ視察ス。」とある。大正十三年の岐阜県教育掲載記事に、愛媛県女子師範学校（愛媛大学の前身）附属小学校の校風について触れた箇所があり、この時見聞きしたことが元となったと思われる。愛媛県女子師範学校附属小学校は、現在の松山市須賀町にあった。

同郷の軍人、秋山好古との交友

松山の同郷人、秋山好古は安政六（一八五九）年一月七日の生まれで、仙波太郎の四歳下であった。『秋山好古』（秋山好古大将伝記刊行会）によると、松山藩の下級武士の生まれで、維新後の秩禄奉還によって困窮を極めた家計を助けるため、彼もまた十四、五歳の就学期間に働かざるを得なかった。

南徒歩町に旧藩士であった戒田真澄が開いていた銭湯で風呂焚きから番台までをこなし、天保銭一枚の日当を稼いだ。彼も湯山の奥、横谷山に分け入って、薪を採り、売って歩いたりもしたという。彼は稼いだ金で書物を買い、銭湯の番台に座っている時も書物は手放さず、読書に耽って知識の吸収に努めた。彼もまた独学によって多くの知識を吸収したのである。

秋山が現状打開のために目指したのは給料が官給される大阪師範学校への受験であった。明治八年一月、十七歳の誕生日を迎えて間もなく、大阪に向けて三津浜港を出港した。

秋山は大阪・堺で小学校助教員の資格を取った後、大阪師範学校（大坂教育大学の前身）に見事合格した。翌九年、師範学校を卒業すると、愛知県師範学校（愛知教育大学の前身）附属小学校に赴任し、そこで同郷の和久正則や山本忠彰らに陸軍士官学校への受験をすすめられたという。明治十年、十九歳の時に東京予備教員として上京した後、士官学校を受験し合格、五月四日、三期生として入校した。

仙波太郎はすでに陸軍士官学校二期生として入校していたが、このころから同郷人としての交流はあったかも知れない。ちなみに、仙波太郎は歩兵科、秋山好古は騎兵科であった。

本格的な仙波太郎と秋山好古との交遊は、明治十六年、共に陸軍大学校一期生として入校したことから始まったことであろう。似通った青年期の境遇も、何かと話の種になったと思われる。明治十八年、二人は無事、十九人中十人の卒業生の中に入った。

陸軍大学校卒業の二年後の明治二十年、フランスに留学中の旧松山藩主、久松定謨がサンシール士官学校へ入校した。司馬遼太郎の小説『坂の上の雲』では、入校にあたり仙波太郎に補導役の依頼があったと書かれている。もちろん小説であるので脚色はある。

仙波太郎に白羽の矢を立てたのは、陸大一期生の中でも優等卒業であったことに他ならなかった。仙波太郎はこの依頼を断っている。仙波太郎にはほどなく優等卒業の恩典として、当時の最先端の軍備を整えていたドイツ帝国への官費留学が約束されており、私費でフランスに行くメリットが少なかったことが大きかったと考えるべきであろう。

小説『坂の上の雲』では、秋山好古が旧藩士の恩から、不本意ながら引き受けたことになっている。

まもなく日清戦争が勃発する。仙波太郎は、第五師団参謀として、秋山好古は騎兵第一大隊長として、それぞれ従軍して活躍した。その戦功を称えて、明治二十七年十二月二十三日付け海南新聞は、「参謀少佐仙波太郎」と「騎兵少佐秋山好古」を並べて掲載している。

軍役の中で、両者の関係性が最も顕著であったのは、清国駐屯軍司令官として相次いで赴任したことである。秋山好古が明治三十四年十月から明治三十六年四月までその任を務めた後、仙波太郎が後を引き継いだのである。明治三十六年五月二十四日付けの仙波太郎より参謀総長宛『五月上旬旬報』（防衛省防衛研究所）によると、明治三十六年五月九日、仙波太郎は天津に着任し、翌日、袁世凱を訪問、十二日には秋山好古とともに北京に赴いている。引き継ぎの短い間であったが、軍役の中で両者が職務上交わった希有な時間であった。

日露戦争では、仙波太郎はそのまま清国駐屯軍司令官の任にあり、秋山好古は第二軍指揮下の騎兵第一旅団長として出征した。

明治三十八年十月十四日、ポーツマス条約によって日露の講話が成った約十日後の十月二十五日、奉天の満州軍司令部に陸軍の主要将官が集められ、大会合が開かれた。

仙波太郎、秋山好古のほか児玉源太郎、黒木為楨、大山巌、野津通貫、奥保鞏、井口省吾、松川敏胤が参加している。同年、博文館が発行した『満州軍凱旋写真帖　第四十巻』にこの時の集合写真が残っており、仙波太郎は秋山好古と隣合わせに写っている。終戦後の戦場における束の間の休息の時、同郷人同士、雑談でもしていたのであろう。

日露戦争後、仙波太郎が中将に昇進したとき、明治四十三年十二月三日付け、海南新聞は、「秋山中将と共に本県に中将が二人出来たのは愉快に耐えぬ」とか、「秋山将軍と仙波将軍実に本県の連珠で同時に陸軍の双璧である」と記している。

大正四年二月十五日、仙波太郎が第一師団長（東京）、秋山好古が近衛師団長に任官された。北川淳一郎は「仙波太郎さんの話」の中で、「私に秋山仙波両将軍が最も大きくクローズアップされたのは、二人が、ともに中将で、秋山さんが近衛師団長、仙波さんが第一師団長に、時を同じくして、なったときだった。」と記している。

大正四年十一月、大正天皇の即位礼が京都で行われ、仙波太郎や秋山好古を始め、伊予松山の同郷人が京都に会し、十一月十三日、富小路御池（京都府京都市中京区）にあった料亭「松清楼」に集っている。

仙波太郎の退役後は、松山に帰省した仙波太郎が、松山に居住していた秋山好古と会う形で交流が行われた。退役は仙波太郎が大正八年、秋山好古が大正十二年である。

大正十三年三月二日の仙波太郎の日記に、「夕、秋山大将ト共ニ久松伯夫妻ノ供応ヲ受ク。邸ハ一番町地方裁判所ノ後方ニ在リ。眺望広濶、建築宏壮美簾ナリ。」とあり、この久松伯の「眺望広濶・宏壮美簾」な「邸」が、大正十一年に竣工した「萬翠荘」である。二人はこの時、初めてここを訪れたのであろう。秋山好古はこの約一月後の四月から、郷里松山にある北予中学校（愛媛県立松山北高校）の校長として赴任するのである。
退役後の関わりについて、仙波太郎の親類の本原武之亮は次のように回想している。

秋山好古は退役後松山に帰られてからはよく訪ねて来られ、「ワシ」「オマエ」の仲で昔話を楽しんでおられたようであった。松山高等学校の橋本校長排斥のストライキが起りかけた時も丁度仙波が来ていて、北予中学の校長であった秋山好古と香坂県知事の三人が木屋町の家で密談しておられたがストライキは不発に終わった。これが仙波の帰松最後の事件であったかもしれない。

（「仙波太郎物語」本原武之亮）

仙波太郎と秋山好古は、何でも心を打ち明けられる間柄であったことが分かろう。仙波太郎が松山での定宿としていたのが松山の木屋町一丁目にあった従兄弟、本原正利の家であり、退役後の秋山好古は、仙波太郎が帰省する度に顔を出していたようである。松山高等学校（愛媛大学の前身）の学生ストライキがあったのが、大正十五年のことであった。この時、本原家では仙波太郎と秋山好古と香坂昌康県知事の三人が対策を話し合っていたのである。しかし「これが仙波の帰松後最後の事件であったかもしれない」の「事件」とはおだやかなことではない。
「仙波太郎さんの話」には、二人が本原家にいた時、仙波太郎から秋山好古に、「旧松山藩主久松家にお話しして、松山に立派な一大図書館をつくったらいいと思うから、お前からよく話して貰いたいと依頼されたことがあった」といった記述も見える。

仙波太郎は秋山好古より早く、昭和四年（一九二九）二月十九日に他界する。『秋山好古』（秋山好古大将伝記刊行会）の「無休奉公の信念」の項には次のような記述がある。

仙波が逝って程なく、かつて秋山好古の薫陶を受けた島田良一少将が秋山の閑居を訪ね、談たまたま逝ける仙波の事に及んだ時、秋山は「うむ、仙波は死ぬまでよく働いたよ…。」と呟き、仙波の生涯が如何にも我が意に沿ったような、むしろそれを羨んでいるような口吻をもらしたという。

（『秋山好古』逸話集「剣光余影」）

秋山好古も亡くなる前年まで北予中学校の校長を務めた。そこには退役後、国会議員を務め、死の直前まで精力的に社会活動に尽力した仙波太郎の姿が重なる。松山に生を受け、ともに貧窮の中から世に将軍と仰がれるまでに至った二人には、余人には計り知れぬ気脈が通じていたことであろう。

秋山好古は仙波太郎が亡くなって約一年九ヶ月後の昭和五年十一月四日に他界した。

日記に残された俳句と内藤鳴雪との交遊

『伊予史談』（伊予史談会）七十九号（昭和九年九月十五日）の「仙波中将の書状」に、仙波太郎が俳句に凝り始めた契機が示されている。

それは大正三年一月二十三日付け、内藤鳴雪に宛てたもので、昨年来の内藤の病気に対する見舞いの言葉に続き、「小生の俳句好きは一通りにあらず、家を出れば演習たると旅行たるとを問はず、駄句を並べたて楽み居候」「然るに小生の作はいつも理屈に走り、為に塗抹さるるもの甚だ多く、時としては失望いたす事も之ある程ニ候」といった自評が添えられている。

また、終りには、「小生もやがて退職の恩命に接すべきニ付、爾後全力を以て斯道に従事いたさん覚悟に候」と俳句精進への思いが示されている。

内藤鳴雪は松山藩士の子で、年下である正岡子規の弟子である。明治、大正時代に活躍した俳人である。「仙波太郎さんの話」にも、「仙波さん俳句が好きだった。その先生は内藤鳴雪だったが、自分の句を添削して貰う際、鳴雪さんに私の俳句は理屈っぽくて句にならん、と云われたと云う。」と、同郷人、内藤鳴雪と俳句のことが記されている。

仙波太郎が付けていた日記には、多くの俳句が記されている。

明治三十八年の日記には四十一句、明治三十九年の日記には百四十八句、明治四十三年の日記には百四十四句、大正五年の日記には九十四句、大正十二年の日記には二十三句、大正十三年の日記には四十句、大正十四年の日記には十八句と、計約五百余句の俳句が見られる。

日清戦争期のころには見られず、日露戦争末期の明治三十八年から見られるようになることから、五十歳前後で句作に励むようになったものと推測される。日露戦争の趨勢がほぼ決定した明治三十八年八月の半ばから始まり、特に明治三十九年、同四十三年は精力的に句作に励んでいる様子がうかがえる。明治三十八年の句の一部を紹介する。

十五夜の月すぎてくるほとゝぎす　八月十五日
山と野の際を縫ひゆく白帆かな　八月二十三日（鉄嶺山より遼河眺望）
梅檀も今日の嵐で枯にけり　九月十二日（田中少尉ノ死ヲ惜ミテ）
烏なく喇麻寺畔の夜寒かな　十月二十九日
平頂の国なつかしき秋の月　十一月八日
今日の風呂湯気と吹雪のかきあわせ　十二月二十日

この年には「北清戦報」の記者、足立養軒や郵便局員の山根友三郎、前線にあった富木特曹から送られた俳句に返した俳句なども書かれてあり、仙波太郎にとって、句作は戦場の無聊を慰めるものであると同時に、社交の手段でもあった。

明治四十三年元旦など、興が乗った時には一日に多くの句を記している。数句を並列して線で消すなどの添削が見られるもの、数句を並べた一句の上に〇を書き加えて自ら評価を下している俳句や、まだ十分に得心していないと思われる俳句には「（　　）」を付けるなど、句作のために考えを巡らしている跡が見て取れる。

大正期に入ると、退役の年にあたる大正五年の日記に多くの句が書き付けられている。一部をあげてみる。

太公の姿凛々しき梅の傍　一月七日

櫓の声に利根の流れの明け易き　五月二十二日（市川にて）
踏青や紅裙の影水を射る　五月二十三日
詩聖来る蛍もひかれ鳥も啼け　六月六日（印度の詩聖タゴール氏着京忍池畔横山大観氏ニ投宿スト聞キ）
霧晴れて十三州を脚の下　七月十四日（富士登山の折に）
金華山目がけて照す冬の月　十一月二十九日
恵那伊吹御顔となれり初日出　十二月三十一日

このように岐阜の風物も詠まれている。

亡くなる前年の昭和三年十一月、眼病を患い、ほとんど盲目の中で書いた短冊も残っており仙波太郎が最晩年まで俳句に親しんでいたことが分かる。

明治の初年、陸軍教導団に入隊すべく上京し、最初に頼った人物は、松山出身の俳人、河東碧梧桐の父である河東坤であった。仙波太郎が軍人でありながらこのように深く俳句に親しむ契機は、内藤鳴雪を初めとする松山の同郷人との交流が多分に影響したものと考えられる。『近代人物号筆名辞典』によれば、仙波太郎の俳号は、「芝南」であった。

公正会堂と名づけ郷里へ寄付

昭和二年の春が仙波太郎の最後の帰省となった。その際、仙波太郎は郷里福音寺の屋敷跡に「公

「公正会堂」の扁額（栗田家蔵）

「仙波太郎誕生の地」石碑（松山市福音寺町）

「仙波太郎誕生の地」石碑全景
（松山市福音寺町）

正会堂」と名づけ新築し、村の公民館として寄付した。それは福音寺公民館として戦後も長く存在していた。(『久米村誌』)

昭和四十九年四月二十五日、その傍に、松山市福音寺町近隣の各区長や仙波太郎の子、仙波正、勉らによって「仙波太郎生誕の地」と書かれた記念碑が、同郡出身の参議院議員檜垣徳太郎揮毫による由緒書を添えた副碑と共に建てられた。

しかし、昭和六十一年、公正会堂は仙波太郎の屋敷跡に昔からあった稲荷神社の祠や井戸とともに取り壊され、記念碑も行方が分からなくなってしまった。現在、公正会堂跡地(松山市福音寺町二三七)にはマンションが建っており、往事の痕跡は無い。

このような事態になってしまったのは、寄贈された際、土地の登記ができておらず、私有地となっていた関係らしいが、このような形で地誌の痕跡が失われたのは実に惜しまれることである。

公正会堂は取り壊されたが、そこに掛けられていた仙波太郎の揮毫による「公正会堂」と大書された木製の扁額は、恒忠の子、栗田正芳によって福音寺の地で今も大切に保管されている。

第二章　陸軍における足跡

一、エリートの道を

陸軍教導団から陸軍士官学校へ

明治七年（一八七四）、陸軍教導団入団のため米屋からの借金で松山の三津浜を出航した仙波太郎であったが、すんなりと上京することはできなかった。

『薩の海軍長の陸軍』（鵜崎鷺城）によると、陸軍教導団合格の通知を持って松山を出航したものの、神戸まで来たところで旅費が尽きた。仕方なく当地で巡査として働くことになった。それが許されたのは、恐らく教導団合格の通知を所持していたためであろう。しばらく勤務し旅費はできたが、局長が仙波太郎を気に入って容易に辞めさせてくれない。そこで思案して福原の遊郭で制服のまま遊んで朝帰りし、白粉臭《おしろい》い、どてら姿で遅刻出勤して漸く免職になり上京を果すことができたという。

陸軍教導団を終えた仙波太郎は、明治八年十二月、二十歳の時、陸軍士官学校二期生として入校した。兵科は歩兵科であった。同期に、歩兵科の長岡外史（山口県　後中将）、田村怡与造《いよぞう》（山梨県　後中将）、砲兵科の井口省吾（静岡県　後大将）、伊地知《いぢち》幸介（鹿児島県　後中将）らがいた。

士官学校時代の逸話として、野外演習の休みの間などに士官生徒仲間にシャベルを三味線に見立て、得意の義太夫節を歌い聞かせたことなどが伝わる。大正三年四月十九日付け名古屋新聞には、士官学校時代の仙波太郎が銃を三味線代わりに義太夫を唸っている様子が絵入りで紹介されている。

『三輪田米山日記』によると、明治十年に勃発した西南戦争中、仙波太郎は学生の身であったが、赤坂皇居守衛司令として皇居に出仕していた。

明治十年九月八日　仙波荘太郎（仙波太郎のこと）、母ヒサへさしこし書状の写、昨日、赤坂皇居守衛司令を命ぜられ、…

明治十一年三月十日　仙波太郎、少しの間、西南軍帰る迄、皇居御守衛の由

『三輪田米山日記』

この間、学業との両立が、どの程度なされていたのかは定かで無い。明治九年の神風連の乱、秋月の乱、萩の乱、翌十年の西南戦争など、世情騒然たる中での就学期間であったが、ともあれ仙波太郎は明治十一年四月に士官学校を無事卒業した。時の士官学校校長は大山巌《いわお》であった。

卒業後、士官見習として東京鎮台に配属された。翌十二年二月に陸軍少尉に任官した後、初めて帰郷の機会を得た。

明治十二年二月、大阪の歩兵第八連隊付となった。

翌十三年二月、参謀本部測量局の課僚に移った。これは騎馬で初めて通った地形を騎乗のまま

具《つぶ》さに地図に再現できたという地理的数学的な才能と、絵画の卓抜した技術を買われてのことであった。同じ参謀本部測量課には、士官学校同期で、後に対ロシア戦略の基礎を考えた田村怡与造少尉もいた。測量課時代には陸軍工兵中尉早川省義第二班長の下で、第七、八測手として、現在の東京荒川東部の測量などを行っている。

陸軍大学校一期生として

明治十五年、現在の東京都港区北青山に陸軍大学校（通称・陸大）が創設された。これは参謀将校の育成を目的とした軍事教育専門の最終修業機関であった。時に陸軍大学校幹事には児玉源太郎大佐が当たった。

明治十六年二月、陸軍中尉に任官された仙波太郎は、同年四月、前年開設された陸軍大学校を受験して合格を果たし、一期生として入校した。入学者はわずかに一九名であった。一期生から三期生までの士官学校卒業生徒だけでも三〇〇名ほどがおり、下士官も含めると、陸大の門は、よほど狭き門であったといえる。

陸大一期生の顔ぶれは、仙波太郎と同じ士官学校二期生の、榊原宰之助、山田一男、井口省吾、長岡外史、同三期生の秋山好古、石橋健蔵、山口圭蔵、藤井茂太、教導団上がりの東条英教らであった。

入学初年の明治十六年と翌十七年は、主として代数などの基礎知識の講義を受けた。三年目の明治十八年、陸大教官として、ドイツ帝国からプロイセン陸軍大学校の兵学教官で、当時四十二歳であったクレメンス・ウィルヘルム・ヤコブ・メッケル少佐（ドイツ帝国の参謀総長であったモルトケの弟子）が招聘された。

メッケル教官によってプロシア式軍事教育が開始されると、生徒は実践的な戦術の講義を受けられるようになった。

フランス式の教育制度を採用していた陸軍士官学校がプロシア式の士官候補生制度に変更される二年前の事で、普仏戦争の勝利によってドイツ陸軍の評価が高まり、陸軍がプロシア式の兵制に移行し始めようとする頃のできごとであった。同年十一月には第一回目の参謀演習旅行が行われ、一期生はより実践的な訓練を経験することができた。

同年十二月二十四日、メッケル教官の厳格な卒業試験を通過し、晴れて卒業できたのはわずか一〇名であった。

優等一は東条英教、優等二は山口圭蔵、そして優等三は仙波太郎であった。続いて四番は井口省吾、五番は山田一男、六番は藤井茂太、七番は石橋健蔵、八番は榊原宰之助、九番は秋山好古、一〇番は長岡外史であった。

そのうち唯一、士官学校を出ていない東条英教が首席で卒業している。東条英教は明治天皇の御前で研究発表を行い、以降これが首席卒業者の慣例となった。また、優等卒業の三名は明治天皇から恩賜品の双眼鏡を賜る栄典を得たが、仙波太郎も見事三番で優等卒業を果たし、双眼鏡を賜った。その双眼鏡は現存しており、仙波太郎の孫、仙波実によれば、当時家一軒が買えるほどのものと家人から聞かされていたそうである。ちなみに、十三期生からは上位六名が優等卒業

陸軍大学優等卒業恩賜の双眼鏡

生とされ、恩賜品も軍刀に替わった。

陸大卒業後、東条英教、山口圭蔵、井口省吾の三名はメッケルの指導を受けつつ陸大教授として教鞭を執り、他の七名は参謀本部に出仕した。

後年、優等卒業生は官費で外国に留学し任意のテーマで研究できるという特典が与えられることになるが、一期生の場合はそのほとんどが留学の機会を得ている。東条英教、山口圭蔵、井口省吾は第一便として明治二十一年から二十四年まで、仙波太郎、藤井茂太は第二便として明治二十三年から二十六年までドイツに留学した。秋山好古は第一便に先立つ明治二十年、旧藩主に随行する形でフランスに私費留学（二十四年帰国）した。長岡外史も席次下位ながら藩閥優遇され「軍務局視察」の名目で明治三十二年からドイツに駐在している。

一期生には薩長以外の出身者が多く、そのことが草創期の陸軍における相互の反目と確執を生み、その後の処遇を大きく左右したともいわれている。

首席卒業の東条英教は南部盛岡藩の出身で、ことあるごとに上層部の見解に異を唱えたという。

のち東条英教、山口圭蔵は日露戦争で旅団長として出征したが、作戦命令に従わなかったという理由でともに解任された。東条英教は留守歩兵第二旅団長に異動となり戦線から外された。名目は病気という理由であったが実際は更迭であった。山口圭蔵も結局は少将のまま免職されることになる。

長州出身の長岡外史も中将で終わった。これは藩閥を批判する「月曜会」に所属した事で、山縣有朋ら上層部の不快を被ったことが原因とされる。仙波太郎をはじめ、丹波篠山藩出身の石橋健蔵、播磨福本藩出身の藤井茂太も日露戦争で活躍したが、ともに中将で終わった。最終的に大将になったのは、砲兵科の井口省吾と騎兵科の秋山好古の二名のみであった。

ドイツへの留学

陸軍大学校卒業後、参謀本部課僚に加えられた仙波太郎は、翌十九年五月、三十一歳の時、陸軍大尉に昇進し参謀本部第三局員となった。その後、同二十年四月任官の第五師団（広島）参謀を経て、同二十二年五月、再び参謀本部に戻り第二局員となった。その年の六月には陸軍大学校教官となり、後の陸軍大将田中義一や山梨半造らを教えた。

その間、明治二十年にフランス留学中の旧松山藩主久松定謨からサンシール士官学校入校の補導役の依頼を断った。

仙波太郎は明治二十二年十二月、三十二歳の時、愛媛県北宇和郡宇和島中町出身の士族、玉井瓏虎《ろうこ》（瓏乕とも）陸軍砲兵大尉の妹、ケイ（二十三歳）と結婚した。玉井は陸軍士官学校一期生であり、また、年齢も仙波太郎より一つ上であった。仙波太郎は士官学校時代に同郷の先輩である玉井と親交を深めたようで、その縁がケイとの結婚につながったものと推測される。

玉井曨虎は西南戦争に従軍し、陸軍士官学校卒業後、参謀本部に出仕、明治十三年には陸軍中尉となり、明治十四年から三年間、清国に派遣されて現地の測量調査に当たり、帰国後の明治十七年には仙波太郎より二年早く陸軍大尉となっている。しかし、玉井は陸軍省砲兵局課員であった明治二十年、三十四歳の若さで亡くなってしまう。

仙波太郎がケイと結婚したのは、その死から二年後のことであった。仙波太郎が陸軍大臣に提出した結婚願のケイの肩書きが、玉井曨行叔母となっていることから、ケイには玉井曨虎の子、曨行と成雄（陸士二十一期、のち、少尉）しか身寄りが無かったようである。

仙波太郎はこの結婚から約二月後の翌二十三年二月、陸大同期の藤井茂太らとともに、ドイツ留学を命ぜられた。同郷の先輩である黒川通軌《みちのり》中将（伊予小松藩出身）からは明治二十三年二月二十六日付けで留学を祝う書簡が贈られた。（仙波家蔵書簡）

留学で訪れた地は、帝政ドイツ構成国の一つヴュルテンベルク（ヴィッテンベルクまたはウルデンブルグ、ウィルテンベルヒとも）王国の都シュツットガルトであった。このシュツットガルトの歩兵一二五連隊に配属され、連隊付将校として約三年間、ヨーロッパの戦史や戦術、特にナポレオンの戦術研究などに没頭した。

この時、射撃術奨励のため射撃に優れた隊に名誉旗を授与していたドイツの制度を、帰国後、陸軍に採用させたのは仙波太郎であるという。（「仙波太郎さんの話」）

留学中のことだった。当時ベルリン公使館に駐在中の福島安正少佐が、仙波太郎の下宿を訪れたところ、下宿の婆さんが、「二階の人が朝から何か訳の分からぬことを喚《わめ》いているから早く静めてくれ」と言うので急ぎ駆け上がってみると、仙波太郎が義太夫を声高に謡っていた。（『近代武人百話』金子空軒）

また、留学前、友人からドイツでは他のヨーロッパ諸国と同様、女性に対し非常に敬意を払うため挨拶と同時に婦人の安否を尋ねるのがよいと聞いていた仙波太郎は、車道を隔てて出くわした連隊長に大声で、「奥様は如何です。」と叫んで、連隊長が赤面して去ったとか、ヴュルテンベルク国王に親しく謁見を許され握手を交わした際に、「奥様はいかがです」とぶしつけに言って驚かせたという。（『赤毛布・洋行奇談』熊田宗次郎）

36歳の仙波太郎。ドイツ留学からの帰国直後（明治26年）

仙波太郎は留学中の明治二十六年四月二十八日付けで陸軍少佐に昇進し、留学を免ぜられたが、尚しばらく同国に滞在した。

帰国後、旧任地である広島の歩兵第十二連隊大隊長に任じられた。三十八歳であった。

翌二十七年四月、瓦塾堡国王陛下より王冠五等勲章を贈られた。（『加納町史』）

勲章は留学中、精勤したという理由でヴュルテンベルク王国の第四代国王ヴィルヘルム二世より与えられたものであった。明治二十七年四月十八日付けの文書「尾敦堡国勲章佩用允許ノ件」。（国立公文書館蔵）では「尾敦堡」という漢字をあてている。「瓦塾堡」、「尾敦堡」はいずれも「ヴュルテンベルク（ヴィッテンベルク）」の音訳である。

仙波太郎は、留学中に幅広い付き合いをしており、帰国後も多くのドイツ語書籍を購読していたという。

二、日清・日露戦争

日清戦争への出征　～名参謀の声望～

仙波太郎は、ドイツから帰国後、歩兵第十二連隊大隊長に任じられて間もなく、明治二十七年（一八九四）六月、第五師団参謀に任官した。清国への開戦に備え、参謀本部に大本営が設置されて間もなくのことであり、仙波太郎にも出征の時が迫っていた。

八月一日、宣戦布告。仙波太郎の属する第五師団（師団長、野津道貫中将）は、八月五日、第一陣として広島県の宇品《うじな》港を出港し、朝鮮半島の元山を目指した。「師団報告」によると、目指す朝鮮半島の上陸に当たっては、先遣隊として、部隊よりも先に釜山《ぷさん》、元山に入ったことが分かる。

八月五日午前二時二十五分、熊本丸で広島の宇品港を出港、諸隊の船が後に続いた。午後一時五十分、山口県の六連島《むつれじま》に停泊し、丸亀連隊の諸船と合流。

仙波太郎はこの日の夕刻の午後五時四十分、ここで小倉丸に乗り込み、釜山上陸の諸準備のため、いわば、先遣隊として釜山へ向かうことになった。

八月五日、午後五時四十分、小倉丸に仙波参謀を乗せ釜山へ先発せしめ、同地上陸の諸準備をなさしむ。同九時出発。

（「師団報告第一号 野津第五師団長 八月二十四日」）

八月六日、午前九時十五分、釜山に到着。十時十五分、部隊を順次、上陸させる。しかし、午後一時、悪路が続くため、一大隊のみを陸から進ませることとした。その他の部隊は海路で元山に向かわせる方針に変え、上陸していた部隊の一部を船に戻し、上陸していない部隊はそのまま船に止め、元山に向かわせた。

弾薬大隊と歩兵第十二連隊第三大隊の一個中隊を釜山に残留させ、翌朝、歩兵第十二連隊長友安中佐率いる上陸軍に同連隊第三大隊の三個中隊を率いさせて陸路を進ませた。

仙波太郎は元山へ向かう主力部隊の先遣隊として、和歌浦丸に乗り込んだ。

仙波参謀を和歌浦丸に乗せ、元山へ先行せしむ。和歌浦丸は砲兵聯隊本部同第一大隊本部及び砲兵一中隊乗船す。此後大本営より電報訓令あり……。

（「師団報告第一号 野津第五師団長 八月二十四日」）

師団報告から窺える仙波太郎の参謀としての役割は、現場において部隊の安全な配置を検討し、また、部隊が安全に上陸（配備）できるよう、各所を事前に偵察してその準備を整えることであった。

元山上陸後、仙波太郎は李氏朝鮮の都、漢城へと入った。野津師団長の厚い信頼のもと、作戦の一切を任された仙波太郎は、清軍約一万二〇〇〇人の立てこもる平壌を四方から挟撃する作戦を立て、これが実行された。会戦の期日は十五日とされた。

八月三十一日、野津師団長に従って、漢城で李王朝の高宗と皇后に閲した。西園寺公望侯爵が、明治天皇からの贈り物「七宝の花瓶一対、金作りの太刀並びに錦の織物」を渡した直後のことであった。その夜は宴会で久しぶりにご馳走を腹一杯食べた。

九月一日午前六時、平壌に向かうため、漢城を出発した。

二日目、仙波太郎は吐瀉して馬に乗れなくなり、駕籠に乗り換えた。三日目、開城に到着するが、どうにも動けなくなった。赤痢にかかったらしい。しかし、翌日には快方に向かい、梅干し粥ばかりを食べていると六日目には元通り馬にも乗れるように回復し、師団長も大いに喜んでくれた。

食糧不足に陥ったが、十日目、黄州で敵の貯蔵していた米を獲得し、難を逃れた。

平壌を囲むため、東南北三方へは部隊を差し向けたが、残る一隊が大同江に差し掛かって動けなくなった。しかし、その夜には工兵が到着し、舟も調達できたため、十一日目には渡河を開始した。流れが速いために二十五艘中六艘が損壊し、軍馬を失うなど大きな被害が出た。

十三日目、河を渡った部隊を先に進め、残る部隊は後から続かせた。しかし、道が悪く、途中に河もあるなど、行軍は思うに任せなかった。十五日に期した会戦が危ぶまれたが、からくも全部隊が包囲に間に合った。仙波太郎も弾丸が飛び交う中を立ち回った。

仙波太郎は母に宛て、この平壌包囲作戦前後のようすを伝えている。最も激しい戦闘は十五日だった。

さて愈々《いよいよ》九月十五日、私は最も先頭に乗り出し夜の二時に発し前進せし処、六時頃より東北南方に於て烈しく砲銃を聞き戦争最中なるを知り、馬に鞭し衆を叱し疾歩して山川洞《さんせんどう》と申す所に至り、但《と》ある高地に登り見れば、平壌は対面に在り。諸方の戦争宛《あたか》も巨雷の一時に落つるが如くにて凄《すさま》じなんど言はん方なし。

爰《ここ》に私は此の山上に大砲を備へ敵の不意に討出《いだ》さんと存じ、師団長の許可を得て直《ただち》に砲兵を山上に陣取らせしに、敵もさるもの直に我に向て大砲を打掛け、是より彼我大小砲を連発し、十時頃に至り少しく静になりしとき、来たともども敵の騎兵凡《およ》そ七百騎真黒になりて襲ひ来りしが、我歩兵の銃火を夥しく受け算を乱して倒れ伏し、其の形状、実に画を見るが如くなりき。此の日の戦争は是までとなし、師団長に請ひ諸隊を整へたり。

これは城塁堅固にして白昼の攻撃は思ひも寄らざりければなり。此の日は弾丸の下を飛び行き昼飯の時も敵より近傍に砲弾を投げられなどせしが、師団長以下一人も怪我なかりし。

此夜は苦心中の苦心一生忘るべからざる夜なりといふは明朝は是非城塁に入らねばならず、然れども敵は強く城は堅し。依りて城塁は我墓地なりと断念し、夜の四更より無理に攻撃するの策を建て夫々《それぞれ》手分《てわけ》を為し、心の中にて皆々離別をなしたる程也。かかる所へ前面俄《にわか》に騒しくなり銃声恰《あたか》も雨の如くなりしゆゑ大に驚き立出て見れば、これぞ敵の囲を衝きて逃げ出づるなり。然れば遠慮会釈もなく撃ち続けて朝まで銃声絶ゆる間なし。

是に於て敵が城を出掛けたからは其守、最早固からざるを知り少しく安心せり。

敵の城塁は堅く、日中の激戦では落ちなかったが、夜になり、敵が逃亡することで、勝利が見えてきた。十六日の午前一時より、丸亀及び松山の隊に城塁を攻撃させ、午前六時、これを陥落、平壌を攻略した。

手紙は、平壌占領後の敵の捕虜、死傷者の数や金銀を満載した箱を四つ他の戦利品を発見したことなども伝えている。

これ全く父上の私を守らせらるる御庇《おかげ》と深く感じ入り候。此の大戦争に東西南北の各方面にて射取りし敵は凡そ千もあるべく生擒《いけどり》は六百余人其他既に山の中又は城中に埋められたる敵の死者は是亦五六百も之あるべく傷者は数知れず其外金銀を満てたる大なる箱四個（これは私の発見なり五十万円もあるべし）韓銭一万貫今の余兵器糧食等は山の如くにて迚《とて》も数へ難く候。かくの如く大勝利を得るは又多少の資本を要するものにて味方にも将校以下戦死者七十余名もあるべく傷者は三百余名なり。乃木も少々傷を受けたり、大島少将も脇腹に少しの傷を受く、中原は無事なり、山口も亦然り。

仙波太郎の手紙は、初めて実際の戦争体験をした赤裸々な思いを、次のように締めくくっている。

戦場を見廻りし処敵の死者と兵具《へいき》は累々地を掩《おほ》ひ何とも目も当られず。又城に入れば沢山の生擒苦しさうに呻《うな》り居敵ながらも気の毒にて誠に戦争ほど嫌なものは之れ無きと存じ落涙仕り候。

之に付《つけ》ても戦死されし家族の人々は如何ばかりの悲嘆かと実に察し入り候。私も戦場は生れて始めての事なれど、戦争となると誰とても気の張るものにて殊に参謀となれば目を広くして諸方に気を酌《くば》らねばならぬ役目ゆゑ却《かえっ》て怖しきも疲労も忘るるものに候。私の身の上は健康の上に右の如き首尾なれば決して御案じなく親類の者等へも安心致す様御吹聴相成るべく候。先づ是迄として時下御用心専一に御座候可祝。

このように戦死者のみならず、捕虜や家族の苦しみにまで言及しているところに深い眼差しが垣間見える。

この戦果により、第五師団は、朝鮮半島を制圧。その後、清国本土の鴨緑江、九連城、牛荘、拆木城、田庄台等に展開した。仙波太郎は平壌攻略後、歩兵第十一連隊第一大隊長に転じて戦闘を指揮した。

明治二十八年五月に仙波太郎は陸軍中佐に昇進、第一軍参謀に転じて再び作戦計画に従事した。この平壌攻略は、各新聞に大きく報じられた。また、先の母に送った手紙が、明治二十七年九月発行の『日清戦争実記』や明治二十八年十月発行の『戦時軍人往復文』（長尾司馬）で紹介され、平壌包囲作戦を立案した名参謀として、仙波太郎の名が広く知れ渡った。
日清戦争は仙波太郎のいわゆる初陣であったが、この時の働きが、その軍歴の中で最も輝かしいものとなった。のち日露戦争の満州軍作戦参謀として名を馳せた井口省吾（陸士・陸大同期）、松川敏胤（宮城・陸士五期・陸大三期）と並ぶ「三大作戦参謀」との呼称も軍内でささやかれるようになる。（『陸海軍人物史論』安井滄溟）
明治四十二年刊行の小説『寄生木《やどりぎ》』（徳富蘆花）に、主人公、良平が「千田参謀は軍人の花だ。僕も生涯に一日一刻でいい、参謀官になってみたい。」と羨む場面があり、この「千田参謀」は日清戦争の参謀、仙波太郎をモデルとしている。これは、「千田少佐は愛媛の人」や「日清戦争には野津将軍の帷幄に参し」から比定でき、青年男子の憧れの一典型として描かれた例といえる。
仙波太郎は、日清戦役における一連の功により、明治二十八年十月、功四級金鵄勲章・単光旭日章を賜った。

休職　～名古屋・姫路時代～

日清戦争終結後の明治二十八年七月、仙波太郎は仙台の第二師団参謀に移った。時の師団長が四月に任官したばかりの乃木希典中将である。乃木は九月八日金州大連湾を出帆し台湾へ渡り台北から台南に進軍、十月には南部台湾守備隊司令官に任じられたが、この時、仙波太郎も台湾に同行している。

仙波太郎は永く乃木将軍を慕いその思想や生き方に傾倒していたことは、『濃飛偉人伝』（岐阜県教育会)、『郷土徳育資料』(山崎久蔵)など、種々の記事に散見するが、その交友の契機はこの台湾時代に始まった。

二人は翌年四月二十日に仙台に帰団したが、乃木は同年十月十四日台湾総督に任じられ、十一月九日再び台湾に入り、以降、明治三十一年二月まで、治安の不安定な台湾で陣頭指揮に当ることになる。

仙波太郎は台湾から帰国した明治二十九年九月、陸軍士官学校教官に任ぜられ、翌三十年十一月十日には陸軍大佐に昇進し、名古屋の第三師団参謀長に任ぜられた。この時、乃木将軍の子息の教育監督を任された。

第三師団参謀長時代、参謀本部が測量班を拡充するに当りその班長に適任者が得られず、測量に卓越した仙波太郎に無交渉で兼職が命じられた。しかし、仙波太郎は参謀長の重責の中で兼職はできないとして辞令を突き返したため、一時期、休職を命じられるという事件があった。

第三師団の煉瓦塀跡(名古屋市中区)

次いで明治三十二年八月十二日、姫路の歩兵第十師団参謀長に転じた。師団長は「星岡表忠碑」を揮毫した伏見宮貞愛親王であった。

兵庫県姫路市五軒邸百四番地に転居して間もない明治三十二年九月十日、妻ケイが亡くなった。

三十三歳の若さであった。ケイは、容姿端麗、温雅で淑徳の誉れ高かったと伝わる。また将校仲間との交際なども、ケイあるために一層円満であったという。

ケイとの間に滋《ます》（明治二十一年十一月八日生）とツル子（明治二十七年十二月二十八日生）の二女を授かったが、次女ツル子は明治四十二年五月二十日、日本赤十字病院において十七歳の若さで早逝した。明治四十三年十二月二十一日、長女の滋に、山形県西田川郡稲生村（山形県鶴岡市）大字日技甲の犬塚定衛の四男、毅四郎《たけしろう》（明治十八年二月十二日生。後、陸軍大佐）を養嫡子として迎えている。

仙波太郎は、ケイ亡き後、岐阜市の有力商人であった矢野嘉右衛門の妹たまを後妻に迎えた（明治三十三年二月二十日入籍）。

明治三十三年十一月十二日、たまとの間に、道子（三女）が生まれた。

姫路時代、仙波太郎は軍人のみに特別税を課していたことを問題視し、姫路市を相手に待遇改善を求めた。しかし、市から返答が無いため、将校全員の姫路市退去を通告し、結局、市側が折れて妥協案で収まるという一事があった。

明治三十四年二月九日、仙波太郎に弘前の第八師団参謀長転任の辞令が下った。これは、先の姫路市との一件による左遷人事であった。仙波太郎は異動理由不当として赴任を拒否したため、二月十九日付けで二度目の休職となった。

それから間もない同年三月七日、本籍を愛媛県温泉郡久米村大字福音寺より、愛知県名古屋市西区北野町一丁目四番地に移している。名古屋は第三師団参謀長時代に住み慣れた地であり、日本の中央部としての立地などからも、終の住処とする場所にふさわしいと考えたのであろう。実際、中部地方は仙波太郎晩年の活動拠点となる。この間、乃木希典の私邸を訪ねるなどして無聊を慰めた。

同年十一月十三日、野津道貫大将の執り成しによって、福岡の第二十四連隊長として復帰し、家族とともに福岡に移った。当時の住所は、福岡市荒戸町三丁目百九十一であった。

この福岡連隊長時代の明治三十五年八月一日、福岡連隊兵舎が爆発、兵舎にいた七名が死亡、三十七名が重傷を負う惨事に見舞われた。原因は落雷であった。（明治三十五年八月八日「時事新報」）不慮の事故とはいえ、多くの部下に死傷者が出たことに、連隊長としての仙波太郎の心痛は大きかったであろう。

明治三十五年十月三十日、福岡で四女、文子が生まれた。

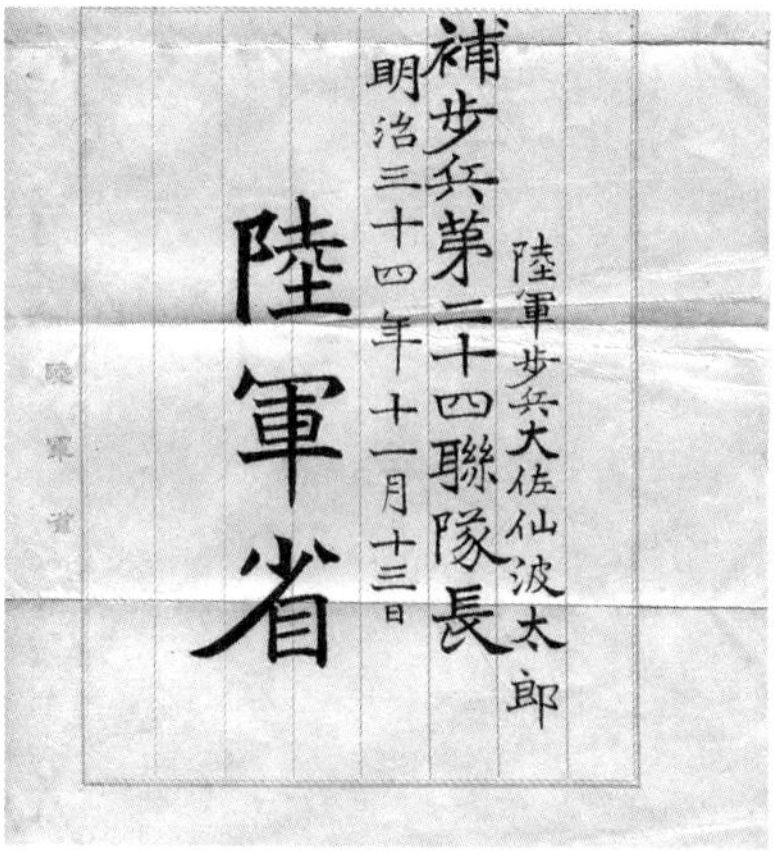
陸軍步兵大佐仙波太郎
補步兵第二十四聯隊長
明治三十四年十一月十三日
陸軍省

陸軍省からの辞令

日露戦争　～清国駐屯軍司令官として～

第二十四連隊長を二年務めた後、明治三十六年四月二日付けで清国駐屯軍司令官に任ぜられ、仙波太郎は清国の天津に赴任した。日露開戦まで後一年に満たない時期の着任であった。

同年六月、陸軍少将に昇進した。

仙波太郎が清国・天津から松山の親類に送った絵はがき（明治38年）

仙波太郎清国駐屯軍司令官着任時の集合写真（明治36年）

日本はロシアとの戦争を優位に進めるため、清国との外交において次の二点に意を払った。第一は清国に中立の立場を取らせること、第二は、清国の北洋大臣兼直隷総督として実力があった袁世凱等、清国軍閥の支援を得ることであった。

袁世凱との連携に向け、前任の清国駐屯軍司令官、秋山好古が引き継ぎを終えて帰国する際、袁世凱の長子、袁克定を留学のため日本に伴わせたり、明治三十六年十一月には、以前、袁世凱の軍事顧問として清国陸軍を指導し、その信任が厚かった青木宣純《のぶずみ》大佐を清国公使館付武官としたりするなど、その準備が進みつつあった。

仙波太郎は開戦に向け、影響力の強かった袁世凱ら清国要人と直接やり取りを行う要職に置かれたのである。

日露開戦の約一月前の明治三十七年一月五日、大本営は清国駐屯軍司令官であった仙波太郎らに日露開戦通告を清国の有力な当路者に通知すべき旨を訓令し、次いで二月十二日、ロシアへの牽制のため、なるべく清国軍隊が錦州、遼陽付近まで駐留するよう働きかけを行わせた。

仙波太郎は早速、袁世凱に、清の軍隊を中立軍ではあるが、なるべく日露の干戈が交わると目される付近まで駐留するよう打診した。しかし清国政府は、ロシアの要求に従い、中立地帯から後退することを、打診してきた。そこで仙波太郎は、「清国のこの行為はロシアに与し、日本と敵対するに等しく、また、ロシアに領土を譲与するに等しい」と抗議の使者を送った。ほどなくして清国はロシアの要求を退けるに至った。

開戦の初期、大本営が中国の馬賊を利用する意図で、小銃一〇〇〇丁と弾薬五万発を山海関に発送する命令を下したが、仙波太郎はこれを拒否した。それは馬賊を横行させるような行為が国際的な非難の対象となり、戦況に悪影響を及ぼすことに配慮したためであった。

しかし、馬賊の利用は、青木大佐らの提案によって開戦前に決まっており、予定通り行われた。結果、案の定、馬賊による略奪行為が横行した。同八月中旬、馬賊の清国良民に対する略奪行為等が日本軍の所業であることが、当時、天津で発行されていた英字新聞「チャイナタイムス」に書き立てられた。仙波太郎はこのことをいたく憂え、善後策を講ずるよう満州軍諜報主任参謀の福島安正少将に忠告している。

同年八月二十一日、兵站監より天津領事の袁世凱のもとにロシア人捕虜が送られてきた。ロシアがその返還を強く求めてきた時、袁世凱は仙波太郎にその処遇の助言を求めた。仙波太郎は、その捕虜が非戦闘員であったため、天津のロシア公使館まで護送させるよう取り計らった。

同年末に、奉天の李某がロシア官憲から大金をもらって買収され、ひそかに天津に入り袁世凱の暗殺を企てているという情報を掴んだ仙波太郎は、いち早くその暗殺計画を袁に伝えてその難を救った。

また、袁世凱の部下の将校を労働者に変装させて旅順要塞の偵察を行わせたりもした。

仙波太郎は袁世凱のほか、奉天将軍の趙爾巽《ちょうじそん》をはじめ、張作霖、張勲、段祺瑞《だんきずい》等々清朝要人とも気脈を通じ友好を深め、戦後も交流を続けている。無論、戦況を有利に導くための方便でもあったが、仙波太郎には清人と同じ東洋人として接するところがあり、特に袁世凱とは東洋人対ロシアという理念を共有することで交渉を円滑に進めることができたという。

このように、日露戦争における仙波太郎は、外交交渉を軸としながら、「清軍の諜報将校の借用」「兵站に必要な軍馬・物資を現地調達し満州へ輸送する便宜を図る」「清領における馬賊隊編成とその活用」など、清国との関係を良好に保つことでロシアを牽制し、また、清国内での陸軍の輸送などを円滑に行う重要な役割を果たした。

明治三十八年三月十日、日本軍が奉天会戦を制した後、仙波太郎はただちに満州軍の福島安正少将にあてて戦後の満蒙の統治について、特に「東三省の統治の方策」についてなどの意見を提出した。その中で、現地の制度は基本的に変えないほうがよいことや将軍職を廃し総督をおくべきこと、東三省は直隷総督の管轄にすべきことなど、政策的な意見具申も積極的に行った。

また、当地の歴史・文化に深い関心を寄せ、『天津誌』（明治四十二年発行）の編纂を開始させるなど、その研究を積極的に行った。

明治三十八年七月、仙波太郎は歩兵第三十一旅団長に補せられ、満州の扱いについての交渉のため、奉天将軍、趙爾巽と関東総督、大島義昌陸軍大将の奉天城外での会見を斡旋したりした（『日露戦争の軍政史録』）。大島は明治三十一年、仙波太郎が第三師団参謀長時代の師団長であった。

仙波太郎はその後、一度内地に帰還したが、八月、再び満州に渡り奉天兵站部司令官として大石橋や奉天の守備に服務した。

同年九月、ポーツマス講和条約が成立。同月、仙波太郎は清国二等第一雙龍宝星を授与された。翌明治三十九年の四月に帰国し、歩兵第二十一旅団長、次いで七月六日、歩兵第十八旅団（福井県敦賀金山）長に任ぜられ、戦場の視察等を行った後、七月三十日、福岡に帰着した。日露戦

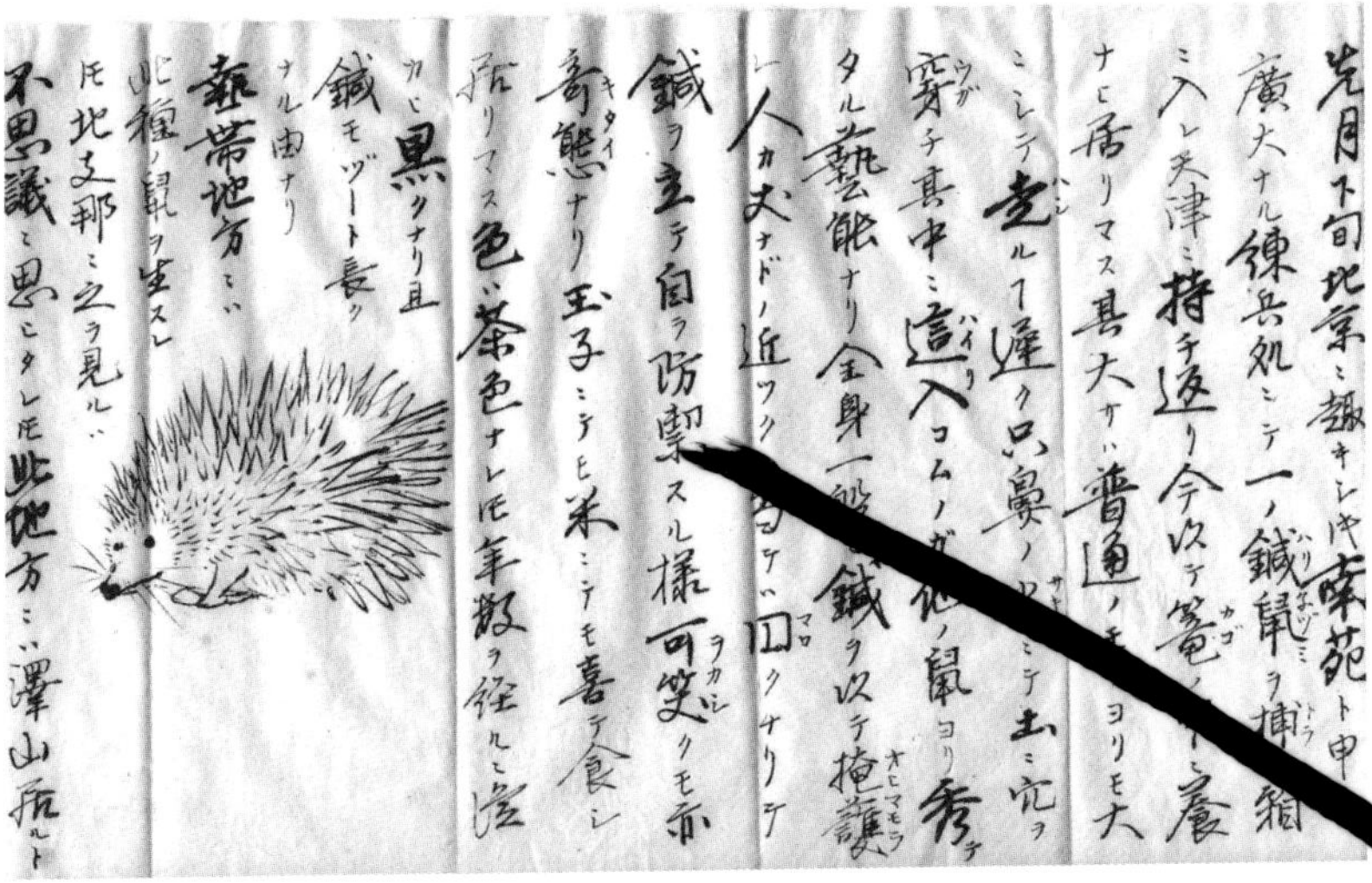

先月下旬北京ニ赴キレヤ喉苑ト申
廣大ナル練兵処ニテ一ノ鐵鼠《ハリネズミ》ヲ捕《トラ》[illegible]
ニ入レ天津ニ持チ返リ今以テ篭《カゴ》[illegible]ニ養
ナヒ居リマス甚大サハ普通ノ[illegible]ヨリモ大
ニシテ走《ハシ》ル了遅ク只鼻ノ[illegible]ニテ土ニ穴ヲ
穿《ウガ》チ其中ニ這入《ハイリ》コムノガ[illegible]ノ鼠ヨリ秀テ
タル藝能ナリ全身一般[illegible]鐵ヲ以テ掩護《オヒマモラ》
レ人カ犬ナドノ近ヅク[illegible]テハ円《マロ》クナリテ
鐵ヲ立テ自ラ防禦スル様可笑《ヲカシ》クモ亦
奇態《キタイ》ナリ玉子ニテモ米ニテモ喜テ食シ
居リマス色ハ茶色ナレ圧年数ヲ経ルニ従
カヒ黒クナリ且
鐵モヅート長ク
ナル由ナリ
熱帯地方ニハ
此種ノ鼠ヲ生スレ
圧北支那ニ之ヲ見ルハ
不思議ニ思ヒタレ圧此地方ニハ澤山居ルト

仙波太郎が清国・天津から福岡の留守家族に送った手紙。ハリネズミが描かれている（明治36年7月）

右から次女ツル子、母ヒサ、三女道子、妻たまと膝元の四女文子、長女滋
天津赴任先の仙波太郎へ送られた、福岡の留守家族写真（明治38年）

争の功により、功三級金鵄勲章、並びに勲二等旭日重光章を賜った。

仙波太郎が天津に赴任中、福岡で留守を預かる、妻たまは、福岡衛戍将校婦人会に所属し、戦役中、兵士をねぎらう用品を寄付したことに対して福岡県知事から謝状（明治三十八年七月三十日付け）が贈られている。

天津に赴任中の仙波太郎は、福岡の家族宛に多くの手紙を送っている。手紙の中には、色鉛筆等を用いて描かれた色鮮やかな、仏手柑《ぶっしゅかん》や墨絵のハリネズミなどの絵入りの手紙もある。

明治三十六年七月十五日の手紙では、「先月下旬、北京ニ赴キシトキ、南苑ト申ス広大ナル練兵処ニテ、一ノ鍼鼠《ハリネズミ》ヲ捕ヘ箱ニ入レ、天津ニ持チ帰リ、今以テ籠ノ中ニ養ナヒ居リマス。」とのあと、捕らえたハリネズミの生態等を説明している。また、明治三十六年十月二十一日の手紙では、大きな仏手柑を貰ったが、「此者ハ食シテハ余リ甘《ウマ》キモノニアラザルニ付司令部ノ人々ヘ相分カチ申候。大キサハ此図ノ通ニテ日本ニテハトテモ見ルコトハ六ケ敷カラント様セラレ候。香《ニオイ》ノヨキコトハ何トモ言語ノ尽ストコロニアラズ。」と記している。

このように幼い娘に読めるようにフリガナが振られており、戦時中にあって戦と無関係の身近な絵を描いたほほえましい手紙である。

これら日露戦争時の仙波太郎の動向は、主に『機密日露戦史』（谷寿夫）からうかがえるものであるが、今後、当時の日記やその書簡によって、日露戦争中の仙波太郎のより詳細かつ一個人の内面に迫れるであろう。

三、陸軍中将　仙波太郎

三度の休職から陸軍中将へ　〜下関要塞司令官〜

歩兵第十八旅団長として福井県敦賀郡敦賀町蓬莱に転居して間もない明治四十年（一九〇八）七月二十二日、同地において、たまとの間に長男正を授かった。

明治四十一年十二月二十八日、歩兵第二旅団長に転じ、東京市四谷区信濃橋に転居した。

この旅団長時代の演習で珍事が持ち上がる。栃木県下で第一師団の師団演習が行われた時のこと、依田広太郎《よだひろたろう》第一旅団長と仙波旅団長が麾下の軍を衝突させたが、予定の演習地域を越えて展開したために、やり直しの命令が出た。この時の命令は参謀長橋本勝太郎大佐の独断で出されたものであったらしい。

温厚な依田は渋々それに従ったが、仙波太郎は、「実戦においてやり直しなどあるべきか、いかに演習とはいえ勝負決してのやり直しはできない。」と抗弁して譲らない。結局、師団長の閑院宮《かんいんのみや》載仁《ことひと》親王中将に呼ばれて戒論を授かり、それから間もなく仙波太郎は、休職になった。三度目の休職であった。

休職中の明治四十二年十二月にロシア皇帝ニコライ二世より神聖スタニスラス第一等勲章を授与された。これは、休職中の仙波太郎を慰撫するための、上層部の計らいだろうと推測される。

明治四十三年二月八日、東京で次男勉を授かった。

同年十一月三十日、仙波太郎は陸軍中将に昇進し、下関要塞司令官の職を拝命、下関に転居した。複数の書簡から、住所は山口県下関市上田中町であったことが分かる。

その就任挨拶の冒頭に、「這い上がっては蹴落とされ、蹴落とされては這い上がり」と、度重なる休職を自虐的に義太夫口調でやったので、並み居る兵隊は皆思わず吹き出したという。

『薩の海軍長の陸軍』（鵜崎鷺城）によれば、要塞司令官の職は従来、特科将官を充てるのが常であり、隠居のようなもので、暗に辞職を勧告されたも同様と記している。

仙波太郎の長男正が著した回想録『物好き坊や物語』にも、岡山師団に移った際、頗る嬉しそうであったとの記述があり、中将への昇進は喜ぶべきものであったとしても、下関要塞司令官の任は本意ではなかったようである。

下関要塞司令官時代、橋を通りかかった時に病弱そうな小男が大荷物を運んでいるのに出くわし、軍服のままその荷を受け取り、住所を聞き取り届けさせたことが「荷物運びの中将」として新聞に報じられている。（「仙波太郎さんの話」）

また、下関要塞司令官から岡山第十七師団長に異動が発令された直後の明治四十四年九月七日付け、関門日日新聞には、「仙波司令官がこの下関に来られたのは昨年の末十二月二十八日だった、爾来今日まで僅か八ヶ月余その間将軍が陸軍部内は勿論わが下関市の為に尽された功績は一般の認むる処で特に教育界の為め多大の力を尽くされたのは感謝すべき事である…」と掲載されている。

仙波太郎が下関要塞司令官を務めたのは、明治四十三年十二月から翌年九月までの一年に満たない期間であったが、仙波太郎が当地の教育についても積極的な関わりを持っていたことが分かる。

ちなみに、仙波太郎の中将任官を伝える明治四十三年十二月三日付け、海南新聞に、「仙波太郎ははっきりものを言うので長州閥の重鎮である児玉源太郎や寺内正毅に好かれない、ために昇進がままならない」といった記事が見える。また『薩の海軍長の陸軍』（鵜崎鷺城）には、林太郎（陸大六期、のち中将）、宇都宮太郎（陸大七期、のち大将）とともに、陸軍内で長州閥外で気を吐く人材、「陸軍三太郎」の一人として紹介されている。

師団長を歴任　～第十七、第三、第一師団長～

明治四十四年九月六日、第十七師団長（岡山）を拝命、岡山市に転居した。最初、天瀬の古家を借りたが、間もなく広瀬町に官舎が完成するとそちらに移った。岡山では、明治四十五年四月十七日、三男治を授かった。また明治四十五年四月十八日には、養子の毅四郎と長女滋の間に、孫の節子が誕生した。

大正二年（一九一三）五月、勲一等・瑞宝章を授与される。

大正三年二月十日には、毅四郎と滋の間に、二人目の孫、和子が誕生した。

大正三年四月十七日、第三師団長（名古屋）に転じ、名古屋市東区長塀《ながへい》町五丁目に居住した。

この名古屋師団長時代の夏の一日、車で帰宅中、野外演習から帰ってきた歩兵の一隊に出くわし、敬礼を受けるや直ちに車から降り、演習の状況や兵士の様子などを聞き、「大変ご苦労であった」と兵を慰安し、一々列兵を親閲してから再び車に乗ったという。（『近代武人百話』）

先の「荷物運びの中将」の挿話と合わせ、飾らない気さくな人柄や将官といった肩書きにとらわれない公平で広い視野を窺わせる挿話である。

また、酷暑の中、特命検閲を受けた際、全師団の行進後、仙波太郎は兵の日射病になることを危惧し、独断で一時間の大休憩を命じて、部下を労った。（『陸海軍人物史論』）

仙波太郎から大正天皇に献上した「蝦夷号」

大正三年の秋、東海地方で陸軍特別大演習が行われた時、仙波太郎が乗馬した愛馬「蝦夷号《えぞ》」が馬好きの大正天皇の目にとまり、宮内省より買い上げたいという内意が伝えられた。自馬制度であった当時、調教の行き届いた愛馬を手放すのは惜しく、一度辞退したものの、ぜひにとの、お言葉で結局献上した。

このことは、新愛知（中日新聞の前身）や名古屋新聞（中日新聞の前身）が、「蝦夷号」の写真入りで報道している。仙波太郎の長男正は『物好き坊や物語』の中で、東京に送られる前の「蝦夷号」に、少年時代初めて馬に乗せてもらったことや、老いて後年、伊勢神宮に神馬として献納された「蝦夷号」に会いに行った思い出を綴っている。

「蝦夷号」献上に対して多額の下賜金があったが、仙波太郎は師団内の教養を高める図書購入費に充て、各中隊に四十部ずつ図書を配布した。（大正四年一月二十八日「新愛知」）

大正三年、十一月二十五日、仙波太郎は名古屋にできたばかりのドイツ兵俘虜収容所を訪問し、ケッシンゲル中佐に対し、「できるだけの便宜を図りたい」旨を申し出、捕虜一同、その厚意に感謝したという。（大正三年十一月二十七日「新愛知」）

大正四年二月十五日、仙波太郎は、第一師団長（東京）を拝命。同年同日、秋山好古が騎兵第一旅団長から近衛師団長に転じており、陸大同期生が共に中将での任官のことは、同じ郷里の伊予松山において、もっとも晴れがましくクローズアップされたのである。

大正五年八月十八日、仙波太郎は待命を仰せ付けられ、大正六年四月二十一日、正三位昇叙をもって予備役編入となった。

留守第十二師団長と退役

仙波太郎は予備役編入後、終の棲家と定めていた岐阜県稲葉郡加納町（岐阜市加納）に移り、地域の活性化など精力的な活動を行った。

ところが、大正七年八月九日、日本軍のシベリア出兵に伴い急遽召集を受け、留守第十二師団長に任ぜられ小倉に単身赴任することとなった。小倉では小倉城内にある勝山閣に仮寓した。

その間の大正八年二月二十五日、シベリア出兵中の第十二師団所属、歩兵七十二連隊（大分）の田中勝輔支隊約三百名がユフタの戦闘で全滅した。仙波太郎は大正八年三月十二日から十三日にかけて大分を訪れ、犠牲となった兵士の遺族十六名を弔問するなどした（「伊予史談」第一〇〇号内藤鳴雪宛仙波太郎書簡）。

大正八年四月、仙波太郎は正式に退役し、明治七年の陸軍教導団入団から数えて四十五年間の軍隊生活に終止符を打ち市井の人に帰ったのである。

第三章　岐阜・愛知

一、名古屋時代

師団参謀長として名古屋に赴任

仙波太郎が最初に中部地方に縁を持ったのは、明治三十年（一八九七）十一月十日、陸軍大佐に任官されて間もなく、歩兵第三師団参謀長として名古屋に赴任した時である。この時、四十二歳であった。

それから、明治三十二年八月十二日、歩兵第十師団参謀長として姫路に転出するまで、約二年間名古屋に居住したのである。当時の住所は、二年後に本籍を移した名古屋市西区北野町一丁目四番地と考えられる。

この時期、台湾総督であった乃木希典から、その長子・勝典《かつすけ》および次子・保典《やすすけ》の教育監督を依頼され、その教育に当たった。

乃木との縁は、日清戦争終結後の明治二十八年五月、四十歳で陸軍中佐に任官した直後の七月、第二師団参謀として仙台に赴任した時にさかのぼる。

当時の第二師団長が乃木希典中将であった。同年九月、乃木は台湾出征を命ぜられ、台北から台南に進軍、十月に南部台湾司令官となるが、この遠征に参謀の仙波太郎も同行している。翌明治三十年四月二十日、二人は仙台に帰団したが、乃木は、同年十月十四日、台湾総督に任ぜられ、十一月九日、再び台湾に入った。つまり、約二年二ヶ月の間、師団長と参謀として二人は関わりを持ったのである。

当時、勝典十八歳、保典十五歳。保典は当時、名古屋陸軍幼年学校に通っていた。二人は陸軍士官学校の受験を目指しており、前年まで陸軍士官学校教官を務めていた仙波太郎に、乃木が子息の受験を主とした指導を依頼したものと思われる。この時期、乃木は妻静子、母壽子を伴って台湾に赴いていた。

勝典に関して、仙波太郎が東京の乃木邸に通って指導したというのは考えにくいため、乃木は子息を二人とも名古屋に下宿させていたものと思われる。

矢野たまとの結婚

矢野たま　(明治25年7月)

仙波太郎は第十師団参謀長として姫路にあった時、明治三十二年九月十日、同郷の縁で結ばれ十年間連れ添った妻ケイを三十三歳の若さで亡くした。

ケイ亡き後、岐阜市本町の商家、矢野嘉右衛門の妹たま（二十七歳）を、同年十二月に後妻として迎えた。仙波太郎、四十四歳の時のことである。矢野嘉右衛門は江戸後期に蝋燭・油商として「伊勢嘉商店」を興し、幕末には岐阜町の十人衆に数えられた有力な商家であった。

「仙波太郎さんの話」では、たまは「三輪田女学園出」とあるが、三輪田高等女学校の創立は明治三十五年で時代が合わないため、前身の翠松学舎かも知れない。

二人の仲人を務めたのは三輪田眞佐子であった。三輪田眞佐子の夫三輪田元綱の兄は、伊予松山の日尾八幡神社の神官で、仙波太郎が通った私塾の主宰者、三輪田米山である。三輪田眞佐子は明治十一年から明治二十年まで松山に住み、愛媛県師範学校附属小学校などで教鞭を執る間、仙波太郎が軍人として頭角を表していく姿を米山から聞かされていたことであろう。

仙波家の蔵には、三輪田眞佐子が仙波太郎や矢野たまに宛てた多くの手紙が残っており、深い交流の跡が見える。また、大正期の仙波太郎の「日記」に「三輪田老女史ヲ訪フ。」（大正十二年一月二十七日）と衆議院議員であった仙波太郎が休日に訪ねた記録や、「三輪田家ニ赴キ夫人逝去ニ付弔意ヲ表ス。」（同年三月十二日）と、本会議の後に訪れた記録もあり、三輪田眞佐子と仙波太郎の交流は晩年まで続いた。

ちなみに、仙波太郎は、たまとの最初の娘、三女の道子を三輪田高等女学校に通わせており、道子は後、同校で教鞭を執ることになる。

仙波太郎とケイとの結婚も同郷人のネットワークによるものであったが、たまとの結婚も同郷の縁によるものであった。

いずれにせよ、たまとの結婚が、仙波太郎が岐阜と深い関わりを持つ大きなきっかけとなった。たまについて、「仙波太郎さんの話」は、才媛で和歌・茶の湯を嗜み、おおらかな性格で万事よくゆきとどいた女性であったと伝えている。

岐阜県教育会との縁

昭和四年（一九二九）二月二十日付けの岐阜日日新聞（岐阜新聞の前身）によると、仙波太郎が第三師団参謀長時代に岐阜県教育会に呼ばれて講演を行ったとの記事があり、それならば、明治三十年か三十一年には岐阜県教育会と縁があったということになる。

また、岐阜県教育会発行の雑誌には、仙波太郎の講演記録が複数、掲載されている。岐阜県教育会と深い関わりを示すものであるが、最も古いものは明治末年にさかのぼることができる。明治四十年七月七日発行の『岐阜県教育会雑誌』に掲載された「吾日本国民は果たして将来の大々的競争に堪へ得るや否や」と題された講演記録である。

日露戦争から帰国し、第十八旅団長であった仙波太郎に、最も早く講演を依頼したのが岐阜県であったと思われる。岐阜での講演が実現した背景として、たまの実家である矢野家の推薦や誘致、斡旋等があった可能性も考えられる。

この講演記録は、岐阜県知事の要請を受け、「教育に対しては門外漢」であるために一度辞退したが、「壮丁より成り立つ所の旅団長の任」にある者として聊か考えを述べるという立場で講演したものである。

ここではまず日露戦争後の世界の進展に乗り遅れている我国の現状に対する危機感が語られ、次に国力の充実のために人格を修養し、公徳心を身に付けることが必要である旨を述べ、最後にそのために「社会根底の改良、教育者の手に頼るの他なき」と述べ、人格・知識・体格を養成する教育の重要性について説いている。

ちなみに、これに先立つ明治三十九年十一月、仙波太郎は『軍隊教育ノ方法ニ就テ』という著書を残している。その序文に、「軍隊教育の任にある人は平素教育学の要領だけには通じ居られたき…何となれば教育学は児童を教育する方法手段を科学的に論述したるものなれば軍隊教育には好参考書たるを以てなり」と述べ、軍隊教育にも一般の教育学の理論が活かせる旨を説いている。序文の末尾には、「尚時々学校教育をも参観せられたく勧告す。是れ軍隊教育には少なからざる利益あるを以てなり」とあり、軍内において学校教育の参観を推奨している。

これは仙波太郎が一般の教育に関心を示した最も初期の資料であるが、こうした当時の教育学および学校教育への深い理解や学校現場への視察といった活動が、岐阜県教育会での講演活動にもつながったのであろう。

大正五年（一九一六）八月十八日、仙波太郎は待命となったが、岐阜を終の棲家と定めてから後も、岐阜県教育会からたびたび呼ばれて講演に赴いた。例をあげてみる。

①「教育が偉いのだ」（仙波将軍）名流談叢（『岐阜県教育　第二六八号』大正五年十一月三十日）

②「国家の降興の基礎」（仙波将軍談）（『岐阜県教育　第三五五号』大正十三年三月二十日）

③「国防充実の良策」（仙波将軍）軍事訓練問題（『岐阜県教育　第三六七号』大正十四年三月三十日）

④「戦史を講ぜよ」（仙波太郎氏）名流談叢（『岐阜県教育　第三六八号』大正十四年四月

三十日）

⑤「他山の石」（仙波将軍）名流談叢（『岐阜県教育　第三六九号』大正十四年五月三十日）

その多くが、世界情勢を踏まえた上での心構えや教育の重要性を説いたものである。①、②について簡単に触れておく。

①は岐阜市鳳水青年会の総会に招かれ、岐阜市の法華寺で行った際の講演記録である。論の主眼は、西欧列強の侵略に対する危機感について触れつつ、「今後の国民には読書が最も大切、智恵がなければだめ、今の世の中は知力の戦争、今一つ言を替えて言えば、教育と教育の戦争である。この点はよく御記憶願いたい、教育の浅いのが負けて、深いのが勝つのである。西洋人がいというのは、見の丈や眼色が原因でない、唯だ教育が悪いのである。」と述べている。

②は「勃興しつゝある新教育問題の批判」と題された一連の談話の一つとして掲載されたもので、当時の学校教育、特に大正期の新教育に対する強い関心が窺えるものである。まず自身の子供が通う岐阜県師範学校付属小学校の児童文庫の設置について、これが「児童の自学自習を主体とせる教育法」を徹底させるためであると賛辞を送っている。また、手塚岸衛の『自由教育論』を繰り返し読んだこと、親しく手塚に会い意見を聞いたこと、千葉県師範学校を視察したこと、成城学校を参観したことなどが述べられ、「国家百年の長計は人を作るにある。自由教育の学風によって陶冶せらるる千葉県の発展は蓋し刮目して見るべきものがあるであろう」と結んでいる。

また、愛媛県女子師範学校の顕著な成績に「自由の学風」が関係していると述べている。さらに、愛媛県女子師範附属小学校の学風に触れ、「新教育の生命」は「義務的に復習するというような生やさしいのでなく、児童が、真剣に真理を欲求して止まない科学者そのままの貴い態度になる処」、「勉強せよなどという命令を下す必要は全然ない、勉強するなといっても、せずに置かれぬという有様になる」ところであると新教育を称揚している。

これらは、仙波太郎が軍役にあって、一般の学校教育に強い関心を示し、学校視察等にも積極的に出向いていたことを示すものである。

師団長として再び名古屋へ

仙波太郎が異動で、再び名古屋に戻ってくることとなったのは大正三年四月十七日、第三師団長としてであった。第三師団参謀長の勤めを終えてから約十五年ぶりの名古屋であった。この時期の住所は名古屋市東区長塀町五丁目であった。

翌大正四年二月十五日、第一師団長として東京に転出するまで、約十ヶ月間の短い在任であったが、名古屋においても教育会（愛知郡教育会）に呼ばれ、「共同一致に就いて」と題する科外講演を行っている。この中では、西欧の生産力の高さの背景に共同一致して事に当たる姿勢があるとし、西欧に遅れを取らないためには「教育の力によって生産事業を盛んにすることが大切」であると説いている。

また、予備役編入となって約三ヶ月後の大正六年七月十日付けの大阪朝日新聞に「名古屋の工業発展策」の見出しで、仙波太郎が名古屋の工業教育に提言を行っていたことが書かれている。それは、名古屋高等工業学校（名古屋工業大学の前身）土井学校長談として、「名古屋市の工業発展のため、高等工業学校において先の第三師団長仙波中将がその教育の必要性を大いに唱道されている」といったもので、仙波太郎が予備役編入後も名古屋市の発展および教育に心を配っていたことが分かる。

二、終の棲家　岐阜時代

退役と岐阜への転居

仙波太郎は大正五年（一九一六）八月十八日、待命を仰せ付けられ、大正六年四月二十一日、正三位昇叙をもって予備役編入となった。

仙波太郎が退役後の居住地として選んだのは、岐阜県稲葉郡加納町西加納六四六番地（岐阜市加納朝日町）であった。ここは、国鉄（ＪＲ）岐阜駅から南へ一キロメートルほどであった。

妻たまの里が岐阜駅から北へ三キロメートルにも満たない距離の岐阜市本町にあることが大きく影響しているが、国鉄によって東京や名古屋、京阪神にも出やすいという立地であることも理由だったようだ。

加納藩士屋敷跡だったこの地の購入は、移転以前の大正三年だったことが、仙波太郎の長男、仙波正が著わした回想録『物好き坊や物語』に示されている。

昭和四年（一九二九）二月二十日付けの名古屋新聞には「自分は旧住名古屋に近きをもって居を岐阜に定め、」のと仙波の言葉が掲載されており、ここからは、名古屋への親近感とともに、交通の利便性を含めた判断であったことが窺える。

実際、しばしば名古屋の俘虜収容所を訪れたり、少年団の活動で京阪神等を訪れたり、毎年、郷里の愛媛県の松山に帰ったり、四年後に衆議院議員に当選して東京へ赴いたりしたことなどを考えると、これは当を得た選択であったように思われる。

『物好き坊や物語』は、東京から岐阜に引っ越した当時のことを次のように記している。この時、正は九歳であった。

いよいよ大正五年九月の半ば頃、東京駅より大勢に別れをして夜汽車で出発した。当時は急行でも岐阜まで九時間位掛かったのだ。この旅行には珍しく父親が和服で同行した。坊や（正自身のこと）は朝方車中で目を醒ましたが、そこは何処か田舎びた駅だった。ホームのあちことでコオロギがつづれさせと鳴いているのが耳についた。

岐阜へは三姉だけ来なかった。それは東京三輪田高女の四年生であと一年半で卒業なので、同校の寄宿舎に入り就学を続けることになったためだ。

（～中略～）

早朝、岐阜に着いた途端、親戚や知人の出迎えに驚いた。それは坊やの聞いていた日本語をしゃべらぬからであった。

「よう岐阜にかえっちょんさったなあ。」

「夜汽車できつかったなも。」

「ぼんちも疲れんさったやろ。」

「そーんなことおきやんせ。」

坊やは目を丸くしてホームに立ちすくんだ。まるで他国に行ったように思えたからだ。やがて、出来たばかりの東の陸橋を渡り、加納の今は永井町一丁目になっている小さな家に入った。これはかねて父親が名古屋で買っておいた古い士族屋敷が修繕中であったためであった。

国鉄岐阜駅は大正二年、元の位置（岐阜市長住町一付近）から南西に五〇〇メートルほど移転しており、移転まもない大正五年当時は、まだ岐阜駅周囲は田畑が見られたと思われる。それは「ホームのあちこちでコオロギがつづれさせと鳴いているのが耳についた。」（『物好き坊や物語』）ということからも想像できる。

この仮宅で約一月を過ごした後、一家は現在の加納朝日町にある本宅に移った。

仮宅住まいも一ヶ月程で、隣町の修理、手入れの終わった本宅に移った。この家は明治維新前後に建てられた士族屋敷で南側の縁の東に三畳の玄関、続いて八畳二間があり、その北側に窓なしに六畳二間があり、北側がまた六畳二間であったが一部改造して一間の押入れが新設されていた。西側の座敷には床の間と地袋、中の間、奥の間は押入れが続き、その押入れの向こうは納戸と二組の便所が連なっていた。

（『物好き坊や物語』）

以後約十五年間、改装増築を加えながら、昭和四年に他界するまで、仙波太郎はここを居住地とするのである。

ちなみに、加納は「和傘の名産地」と「仙波太郎さんの話」にも紹介しているように、当時、和傘の一大生産地となっていた。『物好き坊や物語』は、当分本陣の宮田家をはじめ大きな傘問屋が数軒あったこと、突風で傘干場から何百もの傘が空高く舞い上がるのを見て手を叩いて咎められた記憶などを記している。

仙波太郎の孫の仙波実によれば、昭和三十年代でも、加納では、あちこちで多くの和傘が干され、家の西側にも野球ができるほどの広さの和傘の干場があったとのことである。

加納少年団の創設

岐阜への定住後、仙波太郎は、自らの地元となった地域の社会貢献、発展のために積極的に動いた。その顕著な事績のひとつとして地元少年団の創設と育成が挙げられよう。

大正六年、四月三日に加納天満宮で加納町少年団を立ち上げ、それから五年間、自ら団長として指導訓練に当った。少年団では旗手、楽隊などの行進訓練などが行われたようであるが、「少年団は団長である坊やの父親の方針で訓練よりも社会を見ることに重点が置かれ、京都、名古屋の名所や、長久手、桶狭間、関ヶ原等の古戦場、各務原飛行場等への見学が多かった。また、名古屋の城東練兵場で騎兵隊や野砲隊の演習、犬山の工兵の架橋演習も見に行った。」（『物好き坊や物語』）と活動していた。

坊やとともに加納少年団もどんどん成長した。開団式の当時は三小隊であったのが五小隊

整列する加納少年団と仙波太郎（岐阜市加納　大正9年）

「岐阜県ボーイスカウト運動発祥の地」の石碑
（岐阜市加納・加納天満宮）

となり、人数も二百名近くにふくれ上がった。この少年団は月に一、二度休日に集まるが、後のボーイスカウトのような訓練等はせず、今でいうハイキングとか見学旅行が多かった。長良川を越えて鷺山や雄総の城跡にも行ったし、京都の清水寺の舞台で疲れ、一同眠りこけて汽車に遅れかけるということもあった。名古屋に行って練兵場で騎兵隊の駆ける砂塵に包まれたり、野砲隊の空砲の音に驚かされたりしたが、坊や達を一番喜ばせたのは軍楽隊の演奏であった。当時は軍縮を言われる前であったので、まだ名古屋に軍楽隊が存在していたのだ。

この軍楽隊と、お粗末な我が加納少年団の楽隊とが合奏したときは皆夢中になって手を叩いた。

（『物好き坊や物語』）

このように仙波太郎の目指した少年団の活動は、実地に赴き、実物を見せることで次世代を担う人材の見聞を広げる「知」の育成に主眼を置いていたように思われる。それは広い意味での教育活動と呼べるものである。

しかし、仙波太郎は、突然のように団長を辞任した。

当時、少年団団員で、のち幹部となった石川初太郎は辞任について「ある年の初夏、潮干狩りが桑名で実施され、笠松から木曽川で舟で往復していた。その帰途、団員が事故死した。その責任を負って仙波団長は辞任された」（『老スカウトの足跡　たわごと』（石川初太郎））と述べている。

仙波太郎の孫、仙波実は「加納時代の仙波太郎のことを、地元の人々は『閣下』と言っていたと聞いたことがある」と語ってくれた。地元の人々をはじめ団員たちも「閣下」とか「仙波閣下」

「中将閣下」と親しみを込めて言っていたことであろう。

加納町少年団は現在、ボーイスカウト活動として今に受け継がれ、加納天満宮（岐阜市加納）には、「ボーイスカウト発祥の地」の碑が建てられている。

講演活動

仙波太郎は岐阜に転居し間もなく、請われて加納町在郷軍人会、岐阜県の青年団、処女会、報徳会婦人会等の顧問を務め、指導助言あるいは、数多くの講演活動を精力的に行った。

仙波太郎の講演について、『物好き坊や物語』には「坊やの父親は岐阜に隠居して晴耕雨読の生活ができるつもりでいたが中々そのように問屋が下ろさなかった。退役高級軍人、特に将官など田舎にはまことに珍しい存在で、しかも相当に弁が立つことが知られてからは青年会や在郷軍人会も講演依頼が多くこれをさばくのに骨が折れた。何しろお礼を一銭も貰わない。その代わり服装は羽織袴の和服か背広でということがこちらの言い分なのだ。相手はぜひ軍服をというのだ。このやりとりが坊やには面白かった。父親は軍服を着ると気が張るし、それに汽車は三等車には乗れない（軍務服務令で将校は二等に乗った）こと。サーベルを下げて道を聞きながら一人歩きは体裁が悪い。こんな時は高価についても人力車に乗らねばならない。それで恩給（今の年給）を僅かに頂いている退役軍人には困るのだ。といって講演料は当時の風習で受け取る訳にはいかなかったのだ、それでも講演料が無料ということが判ると背広でもよいことになった。」とある。

講演料を始め、退役将校としての体面や服装など、家族の者しか分からない描写が印象的である。

また、講演内容について、『物好き坊や物語』は「よく父親の話は軍人だから軍事講演だろうと冷やかす人もあったが、そんなことはなかった。何しろ話題の豊富な人で農業から地理、歴史、天文、地文はては考古学まで話が及んで、とにかくユーモアはなかったが、中々聞きごたえがあった。聴衆がもっと話せとせがんで時間が伸びることも度々であった。」と記している。仙波太郎は晩年に至っても新刊書を多く買い、読書欲が衰えることが無かったとは「仙波太郎さんの話」の記すところであるが、講演においてそうした広範な知識が発揮されたことであろう。

また、義太夫で鍛えられた声は講演でもよく通ったということである。

三、仙波太郎　代議士になる

知らず知らず、立候補

大正九年（一九二〇）五月、憲政会や青年団、在郷軍人らが中心となり仙波太郎を第十四回衆議院議員選挙岐阜県第三区の代議士候補にしたてあげた。大正七年にシベリア出兵があり、留守第十二師団長として招集された後、小倉から岐阜に帰った翌年の出来事であった。そのときのいきさつが『物好き坊や物語』に次のように記されている。正、十三歳の時のことであった。

湿疹治療のため、ある日曜日の午前に県病院の外科に出かけたのである。途中の電車の窓から線路の北側を見ていると、岐阜でも一番高い建物であった玉井屋という旅館の三階の電車通りに面した窓から下へ白い大きな垂れ幕が下がっている。何事かと思ってそれを見ると誰々氏選挙事務所と大きな太い字で名前が書き込まれている。その何とか氏というのは尚助（正氏のこと）の父親の名前であった。尚助がびっくりしたのは言うまでもない。

電車を飛び降りて家に電話をかけたが家では何事か全然分からない。どこの誰に問い合わせても分からず、伯父即ち母の兄に早速相談をしたらしい。治療を終えて家に帰ってみると伯父も来宅していて、父と盛んに相談しているが何のことか分からないらしい。そのうちにあちこちから電話がかかってくる。やっとそれが岐阜県第三区の代議士の選挙運動に関係するものだと分かった。

選挙運動に至る状況を、五月八日付けの大阪朝日新聞（東海版）は、「仙波将軍からは一文の運動費も支出せしめず全部有志より支出する事となり、七日より大運動を開始せるが、かくの如きは余り他に類例を見ざる事なり。」あるいは、「当選すれば敢えて辞退せずなり」と記すが、『物好き坊や物語』には、もう少し詳しい様子が記されている。

在郷軍人や青年団の間に名が高くなりだした尚助の父親を候補に立てたいというのである。普通に頼んだのではとても聞いてもらえないということは分かっているので、勝手に名前を使って無理に頼もうという魂胆らしい。

父親は全然政治に欲は無いので、そんなことはできないと厳然として断ったがどうしても承知しない。父親はとうとう怒りだして「俺は知らん」と言ってそのまま敦賀の長姉のところに行ってしまってその後のことは知らない。残った母はオロオロしていたがどうにもなるものでもない。選挙運動はどんどん進み青年団や在郷軍人の連中はハチマキ、手弁当で勇ましく自転車に乗って走り回る。選挙区の大部分は郡部なので、とても広い場所を回ることになり骨が折れる。今のように自動車があるわけではないし、自転車が最大の交通機関だったので、これを活用したのだった。

これを見ると、立候補というよりも、かなり強引な形での出馬であったように思われる。投開票は五月十日に行われ当選した。『物好き坊や物語』で選挙後の様子をみてみる。

選挙の当日、父親は敦賀からポツンと帰ってきた。そして選挙に行った。投票はもちろん相手方の政友会の候補に入れたのである。ところが開票してみると、父親は相手方に対して圧倒的な優勢を示して当選をしてしまった。父親は困った困ったと言い続けた。そして、駆けつけた選挙事務所の人たちに向かって厳然として、「こんなことをされては困る。が当選した以上はしょうがないから早速東京へ行って辞職をしてくる。」と言って聞かない。それをまた大勢でもって、せっかく当選したのだからと言って必死になって止める。

という騒ぎになって、結局父親が根負けして代議士になることを承諾した。しかし、憲政会には付かないということで、結局無所属としてなら出て行くということになって、庚申倶楽部という倶楽部に入会し、一期だけ代議士を勤めた。

それからの尚助の家の騒ぎは大変であった。来客は多いし、父親は度々東京に行かねばならないし、服装もそれに見合ったものを作らねばならないしと母親は困りきっていた。

仙波太郎、六十五歳の時のことであった。周囲からの声望により、自身は一切資金を出さず、選挙活動も行わずして国会議員に当選した例など、他に類を見ないのではあるまいか。ずいぶん

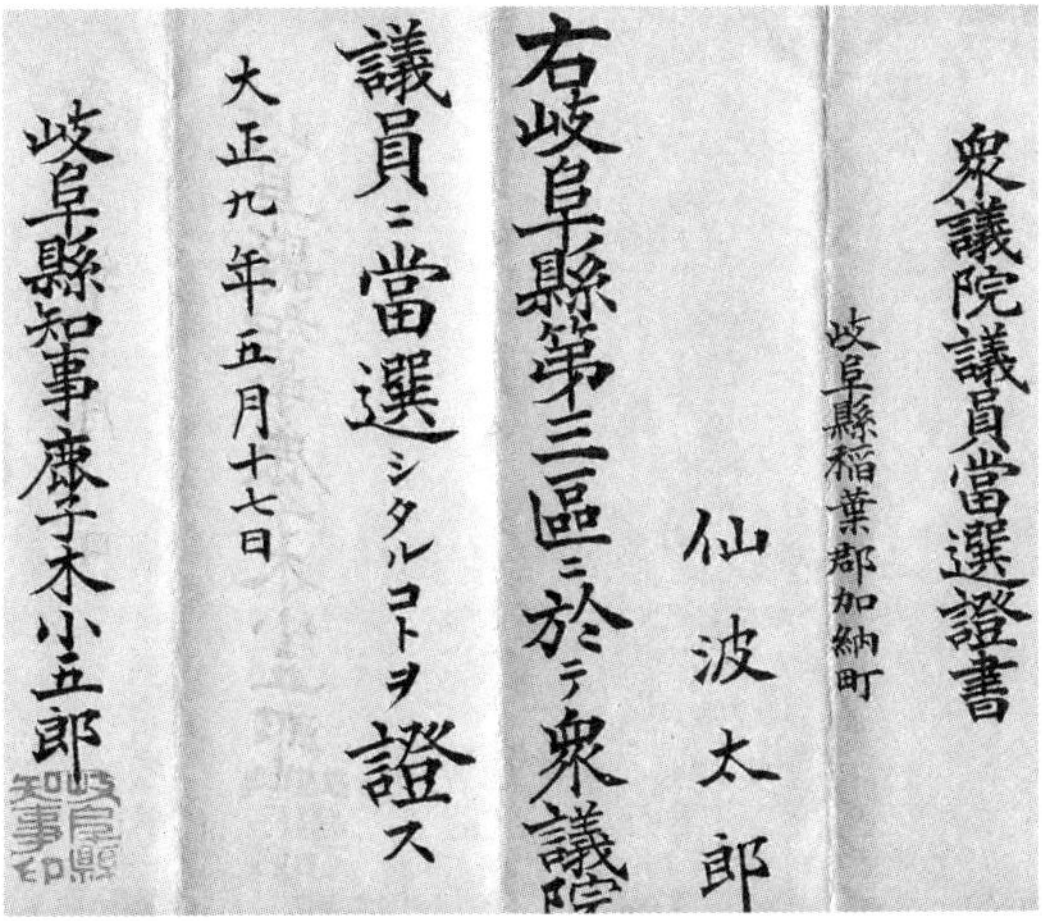

衆議院議員當選證書
岐阜縣稲葉郡加納町
仙波太郎
右岐阜縣第三區ニ於テ衆議院議員ニ當選シタルコトヲ證ス
大正九年五月十七日
岐阜縣知事[illegible]木小五郎
岐阜縣知事印

衆議院議員当選証書

強引な形での出馬であったが、まさに理想選挙と評するにふさわしいものであった。大正九年五月十三日付けの名古屋新聞は、「運動もせず知らぬ顔で立派に当選した仙波中将　大番狂わせの理想選挙」の見出しでその当選を報じた。五月十六日、一円ずつの持ち寄りで仙波中将当選祝賀会が催された。岐阜公園を会場として、午後一時から三時半まで行われ、二千人余りの来場者が訪れ、仙波太郎は胴上げされて公園内を二三周した（大正九年五月十八日「名古屋新聞」）。

またこれは元将官として国会議員になった嚆矢でもあった。時に原敬内閣での選挙で、この時の当選者には、東京都の鳩山一郎、三重県の尾崎行雄、奈良県の津野田是重元陸軍少将、高知県の浜口雄幸らがいた。

五月十五日付けの大阪朝日新聞は、当選した仙波太郎を、生い立ちや軍歴を記述したあと、「悠々その日を送る傍ら社会教育に努力し今日に及べるが、浄瑠璃は将軍の最も得意とするところ。年齢六十六歳岐阜県に於ける新代議士中の最年長者なるもかくしゃくたること壮者も及ばず。」などと紹介している。

社会教育に貢献し、悠々自適で浄瑠璃を楽しむ仙波太郎が、当選した代議士では最年長であったことや「壮者も及ばず」と、体力や気力に満ちた人物と捉えていたのである。
かくして、七月一日から始まる第四十三回帝国議会に臨むことになった。

異色　サーベルを下げて国会へ

議会の初日、七月一日の議会開会式に臨んだ仙波太郎の服装のことが、複数の新聞に載るほどの話題となった。七月二日付けの読売新聞に、大礼服にサーベルを下げてきた仙波太郎は、守衛にサーベルを外すように咎められたが、それを許さず、結局はそのまま、議場に入ったことなどが掲載された。

仙波太郎の、軍人とサーベルは付き物だという意識がそうさせたのであろう。
『物好き坊や物語』は、仙波太郎が軍服で開会式に臨んだいきさつと開会式当日の様子を次のように記している。

そのいわくを聞くと父親は、「何、俺は陸軍の正装をしていっただけだよ。」というのである。よく聞くと開会式には皆、燕尾服を着ていくものらしいが、父親は古いフロックコートはあるし、新しくモーニングも新調していたので、この上燕尾服の新調はたまらない。それでも開会式には出なくてはならないので、陸軍の正装ならば燕尾服に相当するものであるということで、正装を持参し、高々と鶴の羽の付いた帽子を被り、黒い金の肋骨の付いた正装の長めの上着にサーベルを帯び、軍功によって得た勲章をベタベタ付け、勲一等の大綬章を肩から掛けて悠々と議会の大玄関を入っていったのである。

玄関では守衛がびっくりして軍の高官が入り口を間違えて来たのかと思ったらしい。こんな立派な勲章を付けた議員は他にいないから守衛がびっくりするのも無理ではない。結局、議員ならばサーベルを外してくれと言ったらしいが、軍服を着ている時にはサーベルを外すと今度は陸軍の服装令に反する。と言うようなことを押し問答して何とか納まったらしい。

これを事あれかしと狙っている新聞記者の一人が見つけて吹聴したものだから、たちまちあちこちの新聞がこのネタに飛びついた。一つは大勢の燕尾服の中の鶴が一匹ということで非常に目立ったせいもあったろう。漫画にもなったようである。

この漫画は、大正九年七月二日付けの読売新聞に掲載された。「開院式の印象」と題され、当時読売新聞の漫画記者であり、後に日本画家として活躍する近藤浩一路による挿絵であった。

このことがあってか、六月二十九日に行われた特別議会に出席した仙波太郎のことを、大正九年六月三十日付けの読売新聞でも、「仙波将軍、今日はフロックで極左色の形で一等端に只一人居る。」と、服装のことに言及している。

議員としての活動

仙波太郎は、大正九年五月から大正十三年一月まで議員を務めた。

議員として最初に携わった大きな仕事は、大正九年に勃発した尼港《にこう》事件の調査であった。これは、ロシアの沿海州北端の都市、ニコライエフスク（尼港）に滞在中の邦人約一二〇〇人がパルチザンによって婦女や幼児までも虐殺されるという国際的な大事件であった。選挙後間もなく、この事件が国内で報道されて知られるようになり、仙波太郎はその調査をおこなったのであるが、どのような調査を行ったのかは現時点では不明である。

次に、前年の大正八年から中国で発生した五・四運動に端を発する排日運動の調査のため、中国に赴いた。船で海を渡り上海に入ると、上海から漢口まで船で揚子江を遡り、漢口からは鉄道で北京に至り、中国の要人と交誼を深めた。漢口では日露戦役当時に知り合った中国の友人に会い、革命の先覚者黄興の碑を訪ねたりもした。『物好き坊や物語』によれば、多くの中国人と親しく接する中で、排日は政策であり、個人的には日本人を嫌っていないという実感を得て帰ったということである。

また、国内問題では原内閣の田中義一陸軍大臣から提案された軍人恩給法の改正に尽力した。これは傷痍軍人の恩給を上げる法案であった。『物好き坊や物語』によれば、委員会で反対意見が多く出たが、仙波太郎がほとんど一人で押し返したとのことである。改正恩給法は大正十二年十月に施行された。田中は、陸軍士官学校時代の仙波太郎の教え子でもあり、そういった意味でも仙波太郎が骨を折ったものと思われる。

また、『久米郷土誌』によると、「議場で同和問題の必要を叫んだ最初の人」と記され、同和問題にも取り組んでいたことが窺える。

義太夫を得意とした仙波太郎の声は議会でもよく通り、会の間、居眠りなどは一切せず、常に厳然たる姿勢を保っていたということである。

議員としての最終年に当たる大正十二年、関東大震災が起った。震災後まもなく、仙波太郎は岐阜県精神作興講師及び県連合青年団顧問として講演会なども快く引き受け、民心の動揺を鎮め、弛緩を戒めるため県内各町村をくまなく回った。刑務所訪問も度々行い服役囚に訓諭を行った。甘粕事件を起こして千葉に服役中の甘粕正彦大尉にも会って書物を差し入れ、訓戒を与えた。

仙波太郎の議員在任中、総理大臣は原敬（暗殺）、高橋是清、加藤友三郎（病死）、山本権兵衛と四度入れ替わった。

四、晩年の活動

名古屋俘虜収容所におけるドイツ人との交流

名古屋俘虜収容所におけるドイツ人との交流およびその文化摂取は、岐阜および愛知において仙波太郎が行った進歩的な活動である。

大正三年（一九一四）、日英同盟の関係から、日本は連合国としてドイツに宣戦布告した。ドイツの租借地となっていた中国の山東半島に侵攻して青島《ちんたお》と膠州《こうしゅう》湾を占領した日本は、多数のドイツ兵捕虜を本国へ移送した。そのため、大正三年十一月十一日、東京、大阪、姫路、丸亀、松山、福岡、そして名古屋にもドイツ兵俘虜収容所が開設されたのである。以後、大正九年四月までの約五年間、名古屋収容所には総勢五一九名のドイツ人捕虜が収容されるが、収容所が開設された時の名古屋師団長が、まさに仙波太郎であった。

『物好き坊や物語』には、退役後の仙波太郎が、しばしば名古屋のドイツ人俘虜収容所を訪れていたことを記している。仙波太郎の名古屋俘虜収容所見学に、正は二度付き添っている。

正は、『物好き坊や物語』で、ドイツ人が自分たちでスケジュール管理をし、時間を無駄にせずに大工仕事や板金仕事を行い、また、自ら考えあるいは勉強して廃材から装飾品や置物などを器用に制作しているようすを目の当たりにし、幼心に感銘を受けたことや、見学後、父から「俘

ドイツ人名古屋俘虜収容所跡に建つ「日独友好の碑」（名古屋市東区）

虜生活の時間を無駄にせず自分の才能の向上に勉めているのはたいしたものだ。お前もよく覚えておきなさい」と訓戒をもらったことなどを記している。

仙波太郎は三十代半ばに、ドイツへの三年余の留学経験があり、帰国後もドイツ人との手紙のやり取りを行うなど、ドイツ人に対する多大な親近感を有していた。そのため、捕虜とは言え、ドイツ人に敬意を持って接し、そこから日本人が学ぶべきものを見出し、教育会および一般市民との橋渡しに尽力したのである。

ドイツ語に通じていた仙波太郎は、大正八年（一九一九）、岐阜の教員団体を二度にわたり俘虜収容所参観に連れ出しており、参観中の通訳や説明役を自ら進んで行っている。大正八年五月五日付けの名古屋新聞、および五月二十二日付けの新愛知にそのことが載っている。

五月四日の視察では、岐阜県教育会員七〇名と岐阜市の有力者を伴い収容所を訪れている。この時、「独逸が世界の聯合国を周囲に引受けてあれ程までの大戦争を続けたのも深い原因がある。見給え此処に収容せられている俘虜の行動を！　どの点から比較しても個人同士では吾国民は何れも劣っている」と語り、ドイツ人に見習うべき点があることを強調している。

五月二十一日の視察では、名古屋商業会議所主催の収容所参観日があり、仙波太郎は岐阜県知事、岐阜市長、各界名士および二〇〇人余の岐阜県教育会の教師を伴って参加した。その際も通訳や説明役を買って出、体操の演技場で「ドイツ兵の体操演技が素晴らしいと思ったら、直ぐに拍手をしよう」と言って盛り上げたり、捕虜の音楽演奏に合わせて拍車をチャリンチャリンと鳴らし、白革の手袋をはめた手に拍子をとって嬉し気に耳を傾け、遂に「音楽は好《い》い、ひとりでに躍り出したくなるテ…」と言って一同をドッと笑わせたりして、場の雰囲気を盛り上げた。

一般市民との橋渡しの最も顕著な事例は、公の場でのドイツ人捕虜による音楽会実現のために積極的に働きかけたことである。ドイツ兵俘虜による公開音楽会は、大正八年五月二十七日、名古屋市鶴舞公園の奏楽堂で行われた。この演奏会は県教育会のために名古屋新聞が主催するという体裁で開催されたが、当時、捕虜の公開の音楽会開催や楽器指導は陸軍から許可されておらず、文化的な事業であっても、捕虜が公の場で一般市民を前にして何らかの活動を行うこと自体が極めて異例のことであった。

音楽会の六日前、仙波太郎が岐阜の教員の団体を引き連れて収容所を参観に来、その際、捕虜の音楽演奏に対し仙波太郎が全身を揺すり手拍子をとって喜びを表していたという。

ドイツ兵捕虜の研究家である校條善夫元東海女子大学教授は、「捕虜と一般市民との公の場における交流自体が難しい時に、収容所内ではなく、収容所の外で音楽会が催されたことは、名古屋市の音楽史のみならず名古屋のドイツ兵俘虜収容所の歴史にとって重大事件であった」と『ひがし13号』（東区郷土史研究会）で述べている。

この音楽会実現の背景には、収容所に度々足を運んでいた元将官である仙波太郎の後押しが大きく作用したと考えられる。具体的には、仙波太郎が教育会の人々を伴って実際に視察させることでその推薦を取り付け、事前に師団長の了解をとるなどの尽力があった。

また、ドイツ人から学ぶべきものとして、ドイツ人捕虜が行っていた器械体操を岐阜県学校教育の体操教育に取り入れさせるため、中学校でその実演を実現させたことも、仙波太郎の尽力によるものであった。

ドイツ兵捕虜による器械体操の実演は、大正八年九月二十六日、岐阜県立岐阜中学校（岐阜県立岐阜高校の前身）で行われた。ドイツ人捕虜二百八十四名が、岐阜県下の中学、師範、農林、商業等の中等学校生徒の前で午後の約二時間鉄棒体操や平行棒体操などを行ったのである。

この件に関して、『岐阜県教育』第三〇二号（大正八年十月三十日）に「……一度我青年学生に此優れた体操を見せたいといふ宿望が之で遂げられた。此挙に対して深厚の同情を賜った仙波将軍を始め中嶋所長、学校の諸先生及び市当局諸士の援助に因って幸に此の結果を得たのであります。」と記されている。

ここから中学校を始め師範学校、商業学校など実業学校の生徒たちにドイツ人の体格の良さを学ばせ、日本の学校教育に取り入れるべく、かねて仙波太郎が収容所長の中嶋銑之助陸軍大佐や学校関係者に依頼し、岐阜の地においてそれが実現したことが分かる。

このようなドイツ人俘虜と教育会および一般市民との橋渡しともいえる交流活動は、元将官、仙波太郎のドイツ人への深い理解があってこそ実現できた、岐阜や愛知における彼の大きな事績と呼べるものであろう。

このような仙波太郎の元には、ドイツ人捕虜から手紙が寄せられている。

まず、前ロシア領事のクロパチェック予備少尉からの手紙は、明治三十八年（一九〇五）、天津で結婚式を挙げているが覚えているだろうかと書かれている。この時期、仙波太郎は清国駐屯司令官として赴任しているから、そのとき交流したのだろう。続いて、自分は東アジアに十九年暮らしており妻子は青島に残している。陸軍省に青島に戻る請求をしている。後押しをしてもらいたい。というような内容で、広島県の似島《にのしま》収容所から大正八年一月二十七日に出されている。

ドイツ人たちからの手紙

クーロ陸軍中佐が大正七年十二月八日、習志野収容所から出した手紙は、翌年の帰国を前に日本における捕虜に対しての待遇への感謝などが綴られている。クーロ陸軍中佐は、大正三年十一月二十二日付けの読売新聞によると前天津駐在司令官であったから、仙波太郎とは清国において交流があったと思われる。この手紙は、文面から仙波太郎からきた手紙の返書であることが分かる。

いずれも、ドイツ語に堪能でドイツに深い理解を示し、かつて温かく接してくれた仙波太郎の人柄を思い出して出された手紙であろう。

農業の実践

加納に居を構えた仙波太郎は、加納の北東にある北長森村北一色（岐阜市長森本町）の山を買い、枇杷・桃・蜜柑などを植えて栽培を始めた。古軍服をまとい自ら鍬を取り、時には泊まり込みで袋がけ、害虫駆除を行った。

加納の自宅から歩いて国鉄岐阜駅まで向かい、ここから市内電車で柳ヶ瀬まで乗り、柳ヶ瀬から美濃町線に乗り換え、当時は兵営前と言った北一色で下車して、駅の少し北側にある山に向かったのである。

兵営とは、この駅の南方にあった明治四十年（一九〇七）新設の陸軍歩兵第六十八連隊のことである。仙波太郎は、山で農作業しながら、現役のころを思い出しながら兵舎を眺めていたのだろうか。あるいは周囲の里山を望み、遥か故郷松山の土亀山を偲んでいたのだろうか。

それはともかく、仙波太郎の孫、仙波実は、小学生の頃、仙波太郎が通ったのと同じ路線の電車に乗って山に行き、柿や筍などを持って帰ったという。

多くの収穫は、知人に郵送し、近所に配ったほか、岐阜市電に乗って岐阜市内を歩いて配ったとも『物好き坊や物語』に記されている。

わざわざ山で栽培を始めたのは、「日本は狭い、平地ばかりの農耕では、この人口をいかんともすることができない。どうしても山地を開墾しなくてはならない」（「仙波太郎さんの話」）との日本における自給自足の必要性に対する思いからであった。

書画の趣味

「仙波太郎さんの話」は、仙波太郎は絵が上手で、幼少期には義経や金太郎を描いたがそれらはほとんど残っておらず、後年に描いた山水や鍾馗の絵が多く残っていると記している。特に鍾馗を好んで描き、「破邪顕正」と大書した下に描いた大幅のものをはじめ、多く残されている。

稲葉郡北長森村野一色（岐阜市野一色）に画室を設けていた画家の佐脇波登磨《はとまろ》の門下に、仙波伯翠（太郎の雅号）の名が見える。（『岐阜市史　通史編　近代』）

佐脇波登磨は、明治二十二年のパリ万国博覧会に「鳩の図」を出品して銀牌を受けた画家で、晩年、故郷の岐阜に帰って画筆を取っていた。仙波太郎は、野一色の西隣、北長森村北一色での農事の傍ら、佐脇と親交を深め、絵についても教わっていたものと思われる。

仙波太郎が書画に本格的に取り組み始めたのは晩年のことで、このことについて、長子正は『物好き坊や物語』において次のように記している。

隠居してから書画に凝ってみたいという事になった。書も画も勝ち気な人だから先生にはつかない。支那の昔の書の手本帳などを買ってきて独りで練習した。始めのうちは固い楷書ばかりであったが、次第に行書となり晩年は草書まで手掛けていた。筆も硯も特大なもので紙も五尺（一・五メートル）長×二尺（六〇センチ）巾のものであるから墨汁の量も大したもので、硯で墨を擦るときは姉や坊や達が応援するのが大変であった。

雨天などは父は外出せず専ら筆硯をいじり、畳に毛布を延べると決まって誰かが呼ばれた。母は何と思ってか決して墨を擦らなかった。画は富士山を写真を基に描いていたが、どうも形が悪いと宝永山をのけて描いていた。達磨や鍾馗を次第に練習して終わりには相当な出来映えのものができて、知人が貰いに来て上出来のはなくなってしまった。この画を描くときのモデルは坊やや次弟が毛布を被って立ったり座ったりした。腕の皺だけでも何十枚練習したかしれない。

次々に新聞紙に描きその後で画仙紙に描くのであった。坊や達は退屈なモデルに飽きていたずらをしては腕の角度が違ったとか着物の皺がおかしくなったとか小言を云われた。それにしても二、三年の間にメキメキ上達し、前に描いた出来の悪いのを回収して描き直しも大分やっていた。

父親は中々実名を書かず大抵雅号を書いていた。それは「岐南」「伯翠」などが多かった。書には「太郎」もあった。

（『物好き坊や物語』）

ここには、陸軍中将である仙波太郎とは別の姿があった。正の記録によって「伯翠」などの号を名乗り、布団にくるまった子供が達磨の絵のモデルになるなど家族を抱き込むまでして、書画に邁進し、やがて玄人はだしになっていく推移が、かいまみえてくるようである。

幼年期はもとより、明治三十六年、仙波太郎が天津から福岡在中の家族に当てた手紙に、ハリネズミや仏手柑の絵を描いていたことからも分かるように、絵画の素養は前々からあったことは

鍾馗図（軸装）仙波太郎

仙波太郎使用の印影

想像できる。また仙波太郎の学習方法は、絵画は佐脇波登磨に学んだであろうが、幼年期から身に付けていた独学であったことは容易に推定できる。このような作品の多くは、仙波太郎が気安く要望に応じていたことで生まれていったのだろう。

また、仙波太郎が書の揮毫をたびたび行っていたことは、仙波太郎の日記や正の記録からもうかがえるが、公に現存する書からその人柄を偲ぶことができる。

「一粒万供」（紙本扁額・松山市久米公民館蔵）や、「自治共同」（紙本扁額・愛媛県立松山東高等学校内明教館資料館蔵　大正八年秋）、それに「公正会堂」（木製扁額・松山市福音寺町、栗田家蔵　昭和二年春）、「億兆一心」（木製扁額・岐阜県各務原市鵜沼西町　二ノ宮神社　大正十一年一月一日）などがあり、これらに記された言葉からは、「公」や「社会」の一致団結を重視する仙波太郎の姿勢もうかがえる。

また、仙波太郎が揮毫した現存する石碑類からも、その書を知ることができる。最も古い第十七師団長時代に揮毫した岡山県内や広島県東部に残る数基や、主に退役後に揮毫した、愛知県や三重県北部に残る十数基、岐阜県や愛媛県に残る数基がそれである。

三重県桑名郡木曽岬町の和泉神社の石碑のように、多くは「忠魂碑」とのみ記されているが、岐阜県羽島市には「護国忠魂碑」、愛知県日進市には「戦役　紀念碑」と記されたものや、大正天皇が来られた際の名古屋市の「御統監之所」、愛媛県松山市には「戦捷記念碑」、「忠勲」のほか、「来目部小楯顕功碑」といった個人の顕彰碑、さらに「参拝記念碑」（愛知県知多郡・山神社）、「江底山 長源寺」（岐阜県関市）といった寺社に揮毫したものも残る。

多くはダイナミックな楷書体であるが、成海神社の「忠魂」（名古屋市）や「出征記念碑」（松山市）、幕末の志士、佐々木市兵衛を顕彰した「憂国亡躬」（愛知県刈谷市）のように繊細な篆書体のものや愛知県知多郡の「忠魂碑」のように流麗な隷書体なども存在し、大らかさと繊細さ、また、幅広い教養を感じさせるものである。

仙波太郎が書画に用いた雅号には「伯翠」のほか、「鳳林」や「岐南山人」もあった。

仙波家には「伯翠」や、『春秋左氏伝』などに典拠を持つ「天假之年」、「心治気知」といった文言が彫られた印章が残されているが、いずれも、仙波太郎が最晩年に落款として使用したものと考えられる。

仙波太郎には、このような書画や石碑類の揮毫など、活動の根底には「文武両道」は武家の嗜みという潜在的な意識があったのかもしれない。

それは、仙波太郎自身が将官であったということと同時に、仙波氏の祖は、結城氏という伝承があり、また、瀬戸内海の村上水軍の流れである河野氏に仕えていたからでもあろうか。

加納で迎えた最期

昭和二年（一九二七）五月、仙波太郎は発病して眼を患い、京都伏見町の長野眼科医院に入院した。入院中たまたま県議会議員の選挙があり、「尊い市民権を行使しないのは国民の義務に反する」と言って加納町に戻り一票を投じた後、再び京都に戻って治療を続けた。

死期を悟った昭和三年八月、墓所を加納町穴釜共同墓地に定めた。墓石の表面に「仙波家代々永眠此處」の文字を自ら撰し、これを書したのは森桂園であった。

森桂園は、安政二年（一八五五）、加納町に生まれ教育者で書家、漢詩、俳諧をたしなむ岐阜の文化人であった。仙波太郎とは同年であり、また東京や清国にも住んでいたと共通点も多い。もしかしたら、晩年、共に加納に住んでいた二人は、仙波太郎が岐阜に居を移す以前から交流があったかも知れない。いずれにせよ、墓の揮毫まで行うなど、地元加納出身の森桂園との交流の深さを物語る。

昭和三年の秋に胃がんの診断を受け、療養に努めたが病状は一進一退した。

昭和四年二月十九日、仙波太郎死去。享年七十四歳。おくり名は「金剛院殿伯翠徳風居士」。自身の建てた稲葉郡加納町（岐阜市加納）の穴釜共同墓地に葬られた。遺言により勅使御差遣並びに儀仗兵派遣等は辞退した。

昭和四年二月二十日付けの岐阜日日新聞（岐阜新聞）に、二十一日午後一時より同四時まで自宅で神式で告別式が実行委員会を組織して挙行、岐阜市寺町で火葬されることが告知された。葬儀当日には、陸軍関係者や各界要人たち弔問客が多数集まり故人の遺徳を偲んだ。

遺言

死に際しての仙波太郎の言葉として二つの遺言が伝わっている。一つは「仙波太郎さんの話」に記されたもので、「自分は日本の国に生まれたことを有難いと感謝している。将来の日本は厳粛な教育が唯一無二の緊要事と思う。お前も元気で働いてくれ」と養子仙波毅四郎陸軍大佐と岐

最晩年の仙波太郎

正装の仙波太郎（昭和３年）

穴釜の仙波太郎墓所。森桂園、書（岐阜市加納）

阜連隊区司令部付の野中保教中佐に遺言状を筆記させた。

二つ目は、昭和四年二月二十日付けの名古屋新聞に掲載された遺言で、「我国の前途は頗る遼遠にしてこの遼遠を一貫するものは唯一教育あるのみである。」で始まり、社会教育者らしく「益々謹厳なる自己実現の途を修養されて国家社会に貢献せられん事を冀望す。」と述べ、最後に「この醇良敦厚なる岐阜県人より厚遇せられ洵《まこと》に感謝に堪えぬ。（……中略……）益々国家社会の恩遇を感謝するの念、禁ずる能わざるものがある。自分はこれをもって最後の訣別となす。諸子幸いこれを諒とせられよ。」と結んでいる。

これは仙波太郎が、闘病中に近親者を始め岐阜市在住の金田房吉、浅岡信三郎の両元陸軍少将や岐阜県教育会雑誌にもしばしば寄稿していた中田武雄を枕頭に呼び遺言したものである。

ここからは、将来の国家に対する教育の重要性とともに、自己研鑽の重要性や共存共栄への願い、国家社会の恩恵に対する感謝、また、岐阜県人の「醇良敦厚」な人柄を賞賛し、晩年を過ごした岐阜への愛着とその人々に対する並々ならぬ感謝の思いが伝わってくる。

仙波太郎が、生前に加納町穴釜共同墓地を購入したことでも、終焉の地と定めた加納町に深い愛着があったことが、この遺言から読み取れるであろう。

終章

人間　仙波太郎

社会教育者　仙波太郎

仙波太郎は、陸軍中将に至った明治・大正期の軍人であり、多くの場合、軍役においてその事績が語られる人物である。陸軍大学校一期を優等卒業し、日清日露と、明治の二大大戦においても十全の働きをするなど、陸軍の先頭にいた人物の一人といってよい。

しかし、その生涯で最も高く評価されるものは、軍役に在るときから、その萌芽を見せていた「社会教育者」としての姿である。

仙波太郎は軍役に在るときから、次世代の育成や社会教育に関心を持ち、具体的に行動している。その顕著な事例が、第二章や第三章で示した、複数の赴任地において、学校視察や講演、助言などを積極的に行うなど、一般の「教育」に関心を持ち、自ら積極的に学び、また働きかけを行ったことである。備中高梁（岡山県高梁市）出身の社会福祉活動家、留岡幸助《とめおかこうすけ》との交流（複数の書簡が残る）や彼の開いた家庭学校の視察もその一例である。

次世代を担わんとする仙波太郎の思いは、退役後、「社会全体への奉仕」という、より広範な活動として実践された。

『加納町史』に、「除雪の際、自ら一家を引具して、町内道路の除雪に努め、又しばしば自ら箒を執りて、神社境内及び道路を清掃」したとあるように、仙波太郎は加納町に移ってから、夏は打ち水を、冬は雪かきをする際、自分の家の前だけでなく、数軒先の家の前まで行っていた。長男正は『物好き坊や物語』の中で、「除雪奉仕は一家の年中行事となり、時には五百メートルも離れた陸橋まで遠征した」と、加納町における冬の雪かきについての思い出を記している。これは仙波太郎が晩年に至り、公民としての自覚を強め、その姿勢が日常生活に溶け込むほどのものとなっていたことを示す一例である。

第三章で触れた岐阜県教育会を中心に行った精力的な講演活動やドイツ兵捕虜収容所の参観斡旋、加納少年団の創設も、「公の奉仕者」を体現したものであったといえる。仙波太郎に政治欲が無かったことは第三章で示した通りであるが、意図せぬ国会議員当選も、公のために尽すとの確固たる信念が自ずと招き寄せたもののように思われる。

そうした活動を支えた大きな原動力は、読書であった。青年期の仙波太郎の読書力について、「若い頃には読書速度がすばらしく速くて、四五百頁の大冊でも三四時間で一通りその要領を正確に把握された」と記している。（「仙波太郎さんの話」北川淳一郎）

また、「仙波太郎さんの話」は、仙波太郎の生涯衰えることのなかった読書欲を私の最も好きなところとして紹介し、「一生読書に親しみ続け、且つその読書力が非常に旺盛で後年に至るも減退するどころか、殊に退役後は思想方面に特に留意し、その方面の新刊書が出るとすぐに取り寄せて勉強せられた」と記している。長男正は『物好き坊や物語』の中で、父の書棚には、カント、オイケン、タゴールといった哲学書や考古学の本が多くあったと回想している。

こうした広範な読書が、ドイツ兵捕虜との交流、文化摂取や国会議員としての活動、その他の講演活動など、晩年に至ってもなお精力的に活動し続ける力を支えたといえる。

仙波太郎は晩年、ある雑誌の中で、次世代に向けた次のようなメッセージも残している。

修養の大主観は、「青年は必ず国家有用の人となれ」だ。「国家有用の人」とは、大臣になれ大金持ちになれ大学者になれじゃない。如何《いか》なる身分如何なる職業に拘《かかわ》らず、自己の存在を確実にし其の責任を尽す人」となれ、なのだ。国家社会というものは元来分業だ。其の分業は其の中のどれ一つ欠けても国家社会の健康は保てない。どれ一つも皆尊く皆神聖なのだ。

（『新青年』（大正十二年一月号）「国家有用の人となれ」）

この中で示されている「国家」は、「社会」や「公」と言い換えることができるであろう。仙波太郎は次代を担う青年に対し、職業や身分にかかわらず、一人一人が「社会」の奉仕者であるという自覚を持ち、自らの役割を理解し、その役割を十分に演じ「責任を尽す」ことが国や社会を保つ上で重要であると説いている。

こうした「社会」の団結や「公」への奉仕を重視する考え方は、第三章で示した「一粒万供」「自治共同」「公正会堂」「億兆一心」といった仙波太郎が揮毫した書の言葉からも窺えるものである。こうしたメッセージからは、次世代の育成と公への奉仕が、社会全体を引き上げる要諦であるという確固たる信念が感じられる。

次世代の育成と公への奉仕は、いかなる職や立場にあろうとも、一定の年齢を越えた人間の責務となるものであるが、仙波太郎は若い時から軍人という立場を越えて、そのことを実践し得た人物であった。退役後、さらに旺盛となった社会活動に身を置く姿は、現代に生きる我々が退職後の老後を生きる上でも、一つの指針となるものであろう。

人間　仙波太郎

仙波太郎は「はっきりものをいう」という性格を持ち、「藩閥出身でない上に例のペコペコ流の当世式をやらぬ頑骨な質であるから昇進も多少遅れ」「所信を忌憚なく発揮するので桂や寺内に好かれない」（明治四十三年十二月三日「海南新聞」）とあるように、上官に対してへつらうことのない態度が三度の休職を招き、立身出世を妨げたとされる。

こうした仙波太郎の行動の背景として、当時の身分的なものに対する対抗心を指摘することができるであろう。華族といった特権的身分が保証されたように、明治維新後も日本社会には身分制度やこれまでの身分というものに対する意識が様々な分野に根を張っていた。明治期、陸軍士官学校に入校する際には「士族」の身分や推薦が有利に働く場合もあった。仙波家は中世、河野氏に仕える武士であったが、江戸時代からは庄屋であり、明治時代は「平民」と称される身分であった。

仙波太郎が旧松山藩主久松家のフランス留学を断った背景にも、陸大優等卒業の自負と合わせ、「士族」という身分に対する対抗心があったように思われる。

仙波太郎が晩年、岐阜の地に移り、郷里松山を終の棲家としなかった背景として、「東京や名古屋、京阪神に出やすいという立地上の便の他、根強く残っていた士族や平民といった身分意識を嫌っていた」という。（仙波太郎の郷里で交流のあった栗田啓二郎の孫栗田恒忠、談）

『久米郷土誌』に、衆議院議員時代、同和問題の必要を訴えたとあるのは、根強く残る身分制度や意識に対し、仙波太郎が示した具体的な行動実践といえるであろう。

また、新聞や書籍に散見する軍閥への対抗心も、仙波太郎の行動の背景として指摘することができる。

『薩の海軍長の陸軍』では、仙波太郎について「仙波の名は既に大尉少佐時代より聞こえ一時は陸軍の花形たりしも、その後甚だ振わず、長閥のために継児視せられて折角の学識も奇才も之を施すに由なき不遇の境に立てり。蓋し彼は天性剛愎にして争気満々、長閥に媚びず、時として反抗を試み又何人に対しても直言して諱まず、確かに軍部の快男児なるを失わず。されどこの鯁骨のために累を一身に及ぼしたること又大なり。」と評しており、陸軍大学校優等卒業からドイツ留学、日清戦争参謀に至る大尉から少佐時代にかけての活躍に比し、その後の出世が陸軍内の長州軍閥によって妨げられたと伝えている。『陸海軍人国記』（伊藤金次郎・昭和五十五年）では、休職や出世が滞った原因を「長閥の前に膝行拝跪しなかったため」としている。ちなみに、仙波太郎を含む「陸軍三太郎」という呼称は、長州閥外で気を吐く陸軍将官を指した呼称でもある。

こうした、身分、軍閥への対抗心、あるいは青年期の貧困が、人間仙波太郎を形成した一面ではあろう。

一方、第二章で紹介した「荷運びの中将」のように、仙波太郎は将官となっても、身分や肩書きにとらわれることなく、見知らぬ人や一兵卒に対しても細やかな配慮や温かな応対ができた。こうした行動の背景も、身分や軍閥への対抗心を持ち、貧困の時代を知っていたからであろう。

清国駐屯軍司令官として中国人と、留学時代や捕虜収容所においてはドイツ人と、良好な関係を築くことができたのも、何人に対しても気負うこと無く平等に接する仙波太郎の姿勢が上手く作用した結果であったろう。

そのように誰とでも分け隔て無く接することのできた仙波太郎の姿に、等身大の人間味を感じるが、日記の中からも、仙波太郎の人となりを示すものを一つ紹介したい。

仙波太郎は、歩兵第二十一旅団長であった明治三十九年五月十三日、戦闘終結から間もない二百三高地や黄金山を視察し、日記に「白骨ノ処々ニ現レタルヲ見感慨ノ情ニ堪エズ」と記し、以下の句を残している。

血ニ染みて咲けり高地ノ菫花　（二百三高地ノ悲惨ナル光景ヲ見テ）
どこ見ても大嵐後のさびれかな　（黄金山ヨリ諸砲台ノ荒寥ヲ眺メテ）

戦争は終結していたが、日露数万の将兵が命を落とした激戦の跡に立ち、言い知れぬ感慨を詠んだものである。殊に、この戦闘では、敬慕する乃木希典から頼まれ、自ら教育監督に当たった子息、勝典、保典が戦死しており、仙波太郎にとっても痛恨の極みであったに違いない。

第二章でも触れたが、仙波太郎は日清戦争の戦場から母に出した手紙の中で「誠に戦争ほど嫌なものは之れ無きと存じ落涙仕り候。……」と記した。日清戦争は仙波太郎の初陣にして、仙波太郎が前線で戦った唯一の戦場である。この感慨の中には、仙波太郎の戦争というものに対する率直な思いが表わされている。

また、長男正は『物好き坊や物語』の中で、仙波太郎の家庭での様子について「この頃（大正四年、正、八歳の頃）、父親は時々坊やを相手に畳の上で相撲を取ったり、柔道の真似をしたりして、どうかすると大袈裟に転んで坊やを喜ばせた。」とか、「父親は家では普段おとなしい人で子供を怒鳴ったり、まして殴ったりすることは全くなかった。」と記している。

家庭における仙波太郎の子煩悩な様子をうかがい知ることができる。

仙波太郎には、身分や藩閥、また、経済的な後ろ盾がほとんど皆無であった。しかし、だからこそ独力で貪欲ともいえる学ぶ力を身に付け、幅広い学びを実践することができたとも言える。また、軍属に身を置きながら軍人以外の人々とも広く交わり、中国人やドイツ人とも深い交遊関係を築くことができた背景や「教育に対する強い関心」、「公のために奉仕する精神」が育まれた背景にも、身分や軍閥何するものとの意識とその生き様の裏返しがあったととらえることができる。

まさに、逆境にあったからこそ貪欲に学ぶ姿勢や広い知見を得、自らの可能性を最大限に引き出して「公」のために走り続けた生涯であったといえる。

ところで、『新版　お國自慢』（伊藤金次郎）は仙波太郎について、「明治の末年から、大正の初頭にかけ、早くも、近き将来の陸相を以て属目せられ」と記し、『日本軍閥の興亡』（松下芳男）は、「もし長藩に生まれたらならば、当然大将になった人物」と記している。

中将での待命について、『物好き坊や物語』に次のような記述が残されている。

坊や（長男正のこと）の父親はもう定年は越えたし、岐阜に隠宅は買ってあって名古屋から荷物も大分送り込んであることだしと、辞表を出し惜しまれながら退官した。これはいつもの事ながら職に恋々たる事を示さぬ気持ちを現わしたものだが、後年になってみると少し早まった行為だったらしい。また当局も一寸面食らったらしい。

明治、大正期における将官の退役事情の実態は不明な点も多く、真相は分からない。

明治の黎明期から大正にかけて将校として、あるいは教育者として活躍し、俳句や書画を嗜んでいた仙波太郎は、戦争を嫌い、また正義感があり頑固で一徹、不利だとわかっても妥協しない。約一七五センチメートルと当時にしては高身長であった仙波太郎は、ドイツ人や中国人とも親しく対等に付き合った、当代一流の国際人でもあった。ときにはお茶目であり多くの人々に親しまれ、人間として心身とも豊かに生きてきた。

仙波太郎の、退役しても、なお社会貢献する姿や、生涯にわたって学ぶ姿は、現代人にも多くの示唆と勇気を与えてくれるであろう。

おわりに

「はじめに」で述べた通り、研究や執筆の大きな原動力となったものは、仙波家の蔵に残されていた多くの資料である。

こうした資料との出会いに、改めて深い感慨を覚える。

仙波勉氏や仙波実氏、場生松辰夫氏が残された多くの資料からは、伝記執筆のための意志が伝わり、よりよい形にまとめたいとの思いに駆られながらの作業であった。今回改めて評伝をまとめ直す作業の中で、以前までの認識不足や誤りが、多くあったことに気づいた。膨大な資料を到底、解読・理解し得たとは言えないが、先達に少しでも近づいていれば幸いである。

日記や書簡類に関して、現時点で精査されたものはまだ一部である。今後、残された資料の分析によって、さらに多くの仙波太郎の事跡が、明らかになるであろう。

例えば、同じ陸軍関係者から送られた書簡や報告書からは、陸軍内のことや戦役におけるやりとりの詳細が、また、本書ではほんの一部を取り上げたが、日露戦争中に自身が家族に宛てた六十三通に及ぶ軍事郵便からは、戦地における人の赤裸々な心境などが分かるであろう。

留岡幸助、服部宇之吉、大谷光瑞など軍関係者以外の仙波太郎宛書簡からは、仙波太郎の軍人以外の側面を、より明らかにできるであろう。

日露戦争中に清国の要人から送られた書簡などからは、当時の清国の有力軍閥とその周辺のことが、ドイツ人から送られた手紙類からは、留学時の交遊や俘虜郵便におけるドイツ人との細かなやり取りなどが判明するであろう。

仙波家の蔵には、これらの書簡の他、軍事郵便の出し方を書いた説明書や携行していた軍人心得等の書籍、その他報告書といった当時を知る資料も多数残されている。明治・大正期の将官の残した現存する資料は必ずしも多くは無いであろう。整理・分類の過程で、そのしかるべき保存や活用の必要性についても考えさせられた。

公正会堂や記念碑が失われてしまったことは残念であるが、取材の中で、仙波太郎の郷里である福音寺の池田家や栗田家に、今も仙波太郎の掛軸や肖像が飾られているのを拝見できたことや、平成三十年、仙波修一氏ら福音寺川付地区の人々の尽力により、土亀山の仙波太郎墓に仙波太郎を紹介する案内板等ができたのを知ったことは喜びであった。第三章でふれたように、揮毫や忠魂碑など各地に残された仙波太郎縁の跡が知られ、地誌の痕跡として長く保存されることも本書の願いである。

仙波太郎を郷土の先覚者と呼ぶとすれば、その郷土は愛媛でもあり、愛知でも岐阜でもある。しかし、それぞれの地においても今その名を知る人は少ない。ましてや、たとえ地元でその名を知っている人においても、他の地域における事績はあまり知られていないであろう。

本書によって、一軍人としてだけではなく、愛媛から愛知、岐阜その他多くの地で事績を残し、公のために尽した仙波太郎の幅広い行動と志向が、より多くの読者に伝われば幸いである。

最後に、執筆に当たり、様々な情報をご提供いただきましたドイツ兵捕虜研究者の故校條善夫氏、元福音寺区長の故栗田恒忠氏、常磐同郷会理事長の山崎薫氏、坂の上の雲ミュージアム館長の石丸耕一氏、取材に応じてくださった福音寺のみなさま、仙波家のみなさま、懇切な助言を賜りました監修の仙波実氏や、まつお出版の松尾一氏に改めて感謝申し上げます。

令和四年八月　著者

仙波太郎　略年譜

和暦	西暦	年齢	事項（太字は一般事項）
安政　二	一八五五	0	四月二十一日、久米郡福音寺村（松山市福音寺町）に庄屋仙波家、父元太郎（幸雄）、母ヒサの長子として誕生
安政　六	一八五九	5	この頃、寺子屋に学ぶ。『大学』を暗唱する
万延　一	一八六〇	6	九月、三輪田米山の塾に入門
文久　一	一八六一	7	十一月、三輪田米山宅に約一月滞在し、手習い、漢学などを学ぶ
明治　一	一八六八	13	福音寺村庄屋を継ぐ。三月、池田大三郎と四国八十八箇所巡礼。**九月、明治改元**
明治　二	一八六九	14	**六月、版籍奉還**
明治　五	一八七二	17	この頃、行商などで家計を助ける
明治　七	一八七四	19	上京、陸軍教導団に入団
明治　八	一八七五	20	三月、父元太郎死去。十二月、陸軍士官学校入校
明治　十	一八七七	21	**一月、西南戦争**　九月、赤坂皇居守衛司令
明治　十一	一八七八	23	十二月、陸軍士官学校卒業（旧制二期）
明治　十二	一八七九	24	二月、陸軍少尉。歩兵第八連隊（大阪）付。二月、郷里松山へ初帰郷
明治　十三	一八八〇	25	三月、叙正八位
明治　十六	一八八三	28	二月、陸軍中尉。四月十日、陸軍大学校入学（秋山好古と同期入学）
明治　十七	一八八四	29	五月、星岡表忠之碑建立を発起する

明治十八	一八八五	30	十二月、陸軍大学校優等（恩賜）卒業（一期）
明治十九	一八八六	31	五月、陸軍大尉。参謀本部第三局員
明治二十	一八八七	32	四月、第五師団（広島）参謀
明治二十一	一八八八	33	十一月、長女滋誕生
明治二十二	一八八九	34	**二月、大日本帝国憲法発布**。五月、参謀本部第二局員。六月、陸軍大学校教官。十二月、宇和島出身士族、玉井曨虎陸軍大尉の妹ケイ（二十一歳）と結婚。
明治二十三	一八九〇	35	二月、藤井茂太らとドイツ官費留学
明治二十六	一八九三	38	四月、ドイツ留学より帰国。陸軍少佐。歩兵第十二連隊大隊長。
明治二十七	一八九四	39	四月、ヴュルテンベルク王国（帝政ドイツ構成国）より王冠五等勲章授与。六月、第五師団参謀。**七月、日清戦争勃発**。平壌攻略戦等の作戦立案を行う。十二月、次女ツル子誕生
明治二十八	一八九五	40	**四月、日清講和条約調印（日清戦争終結）**。五月、陸軍中佐。七月、第二師団（仙台）参謀。九月、台湾へ出征。十月、功四級金鵄勲章、単光旭日章
明治二十九	一八九六	41	四月、台湾より帰国。九月、陸軍士官学校教官
明治　三十	一八九七	42	十一月、陸軍大佐。第三師団（名古屋）参謀長。測量班兼任の辞令拒否によって休職処分。乃木希典中将子息の教育監督。岐阜県各地で講演（通例となる）
明治三十二	一八九九	44	八月、第十師団（姫路）参謀長。九月、妻ケイ死去。十二月、三輪田眞佐子の仲人により、矢野たま（二十七歳）と再婚（明治三十三年入籍）。
明治三十三	一九〇〇	45	十一月、三女道子誕生
明治三十四	一九〇一	46	二月、第八師団（弘前）参謀長の辞令拒否によって休職処分。十一月、第二十四連隊（福岡）長

明治三十五	一九〇二	47	八月、福岡連隊落雷爆破事件。十月、四女文子誕生
明治三十六	一九〇三	48	四月、清国駐屯軍司令官。六月、陸軍少将
明治三十七	一九〇四	49	**二月、日露戦争勃発**
明治三十八	一九〇五	50	七月、歩兵第三十一旅団長（一時帰国）。八月、奉天兵站部司令官として再び清国へ赴く。**九月、ポーツマス条約調印（日露戦争終結）**。清国より二等第一雙龍宝星授与
明治三十九	一九〇六	51	四月、歩兵第二十一旅団長、七月、歩兵第十八旅団（敦賀）長 七月、帰国。功三級金鵄勲章、勲二等旭日重光章
明治　四十	一九〇七	52	七月、長男正誕生
明治四十一	一九〇八	53	十一月、三輪田米山死去 十二月、歩兵第二旅団（佐倉）長。福岡から東京に転居 第一師団（東京）長より戒諭、のち休職処分
明治四十二	一九〇九	54	五月、次女ツル子死去。十二月、ロシアより神聖スタニスラス第一等勲章授与
明治四十三	一九一〇	55	二月、次男勉誕生。十一月、下関要塞司令官。陸軍中将
明治四十四	一九一一	56	九月、第十七師団（岡山）長
大正　一	一九一二	57	四月、三男治誕生。**七月、改元。十月、辛亥革命**
大正　二	一九一三	58	五月、勲一等瑞宝章。**孫文、日本に亡命**
大正　三	一九一四	59	四月、第三師団（名古屋）長。**七月、第一次世界大戦勃発**。秋、大正天皇に愛馬「蝦夷号」献上

大正四	一九一五	60	二月、第一師団（東京）長。十二月、母ヒサ死去
大正五	一九一六	61	五月、岐阜県稲葉郡加納町（岐阜市加納）に転居（終の住処）。この頃から講演等、盛んに社会活動　八月、待命
大正六	一九一七	62	四月、予備役編入。正三位勲一等功三級。同月、加納町少年団（のちのボーイスカウト）を創立、団長に就任
大正七	一九一八	63	**八月、シベリア出兵。**八月、留守第十二師団（小倉）長。**十一月、第一次世界大戦終結**
大正八	一九一九	64	四月、退役。五月、岐阜の教員団体を引率し名古屋俘虜収容所を参観。九月、名古屋俘虜収容所のドイツ人収容者たちの器械体操を岐阜県立岐阜中学校（岐阜高校）において実演。十二月、旭日大綬章。同時に賜った御下賜金二千円を、匿名で久米村青年会と岐阜県教育会に各一千円寄付
大正九	一九二〇	65	五月、衆議院議員当選。七月、軍服姿でサーベルを下げ国会初登院
大正十一	一九二二	67	加納町少年団長を辞任
大正十三	一九二四	69	一月、衆議院議員任期終了
昭和一	一九二六	71	**十二月、改元**
昭和二	一九二七	72	四月、松山へ最後の帰郷。福音寺村の屋敷を「公正会堂」と名付け福音寺村に寄付　五月、眼を患う。三輪田眞佐子死去
昭和三	一九二八	73	八月、稲葉郡加納町（岐阜市加納）町立穴釜共同墓地に墓標を建立（森桂園書）
昭和四	一九二九	74	二月十九日、死去

主な参考、引用文献

『加納町史　下巻』太田成和　加納町史編纂会　昭和二十九年
『写真集　加納百年』松尾一　郷土出版社　昭和六十年
『物好き坊や物語』仙波正　平成八年
『老スカウトの足跡　たわごと』石川初太郎　昭和六十一年
『修身科教育資料　郷土の人物』岐阜市初等教育研究会修身教育研究部　昭和九年
『郷土徳育資料』岐阜県師範学校付属小学校発行　山崎久蔵　昭和四年
『農飛偉人伝　全』岐阜県教育会　昭和八年
『新版　お國自慢』伊藤金次郎著　東京日本公論社版　昭和九年
『岐阜県の偉人』小木曽修二　大衆書房　昭和三十三年
『郷土歴史人物事典〈岐阜〉』吉岡勲　昭和五十五年
『岐阜市史　通史編　近代』岐阜市　昭和五十六年
『教育学講習会筆記録』石黒栄三郎　愛知郡教育会　大正四年
『愛知県下英霊社忠魂碑等調査報告書　第一輯』愛知県護国神社　平成四年
『愛知県下英霊社忠魂碑等調査報告書　第二輯』愛知県護国神社　平成十年
『名古屋新聞』　仙波将軍立志譚　大正四年一月一日〜十四日
『伊予史談』第一三三号〜第一三七号「仙波太郎さんの話（一）〜（五）」北川淳一郎　昭和二十八年一月〜二十九年五月

『海南新聞』　仙波将軍一〜九　大正四年一月九日〜十八日
『新青年』某将軍の青年時代　田所成恭著　博文館　大正十二年五月号・六月号
『伊予偉人録・先哲人名辞典』城戸八洲　昭和十一年
『愛媛先哲列伝』木黄田洗耳　愛媛地方史研究会　昭和五十七年
『久米村誌』久米村誌編集委員会　久米公民館　昭和四十年
『久米村誌資料集』久米村誌編集委員会　久米公民館　昭和四十年
『久米郷土誌』久米郷土誌編集委員会　久米公民館　平成四年
『松山市史料集　第八巻』（三輪田米山日記）松山市史料集編集委員会　松山市　昭和五十九年
『膾残録』大原観山　伊予史談会　糸屋惣兵衛　平成元年
『人事興信録　第一版』人事興信所　明治三十六年
『愛媛県史　資料編　幕末維新』（「松山領里正鑑」〈明治五年時〉の項）愛媛県史編さん委員会　昭和六十二年
『陸軍士官学校名簿　愛媛県関係者』愛媛偕行石鉄会　平成八年
『明教』（松山東高等学校同窓会誌第三十五号）本原武之亮「仙波太郎物語」平成十七年
『日本の伊豫人』武智勇記　大正八年
『伊豫二百偉人略伝』伊予史談会　昭和八年
『明治百年　愛媛の先覚者たち』愛媛県教育委員会　昭和四十三年
『近代四国人物夜話』山田明　四国郷土史研究会　昭和二十六年
『伊予先哲言行録』須田武男　文化書房　昭和十四年
『秋山好古』桜井真清　秋山好古大将伝記刊行会　昭和十一年
『軍隊教育ノ方法ニ就テ』仙波太郎　明治三十九年

『日清戦争実記』（第九編）日清戦争実記刊行会　博文館　明治二十七年
『戦時軍人往復文』長尾司馬　積善館　明治二十八年
『赤毛布・洋行奇談』熊田宗次郎　文禄堂　明治三十三年
『寄生木』徳富健次郎（蘆花）　敬醒社　明治四十二年
『薩の海軍長の陸軍』鵜崎熊吉　政教社　明治四十四年
『陸海軍人物史論』安井滄溟　博文館　大正四年
『陸軍棚ざらひ』たて生　金桜堂書店　大正十年
『近代武人百話』金子空軒　陸軍画報社　昭和十八年
『日本軍人おもしろ史話』杉田幸三　毎日新聞社　平成三年
『機密日露戦史』谷寿夫　原書房　昭和四十六年
『日露戦争の軍政史録』大山梓　芙蓉書房　昭和四十八年
『征露第一軍写真帖　第十四巻』博文館　明治三十八年一月
『征露第二軍写真帖　第十六巻』博文館　明治三十八年二月
『満州軍凱旋写真帖　第四十巻』博文館　明治三十八年十二月
『参謀本部と陸軍大学校』黒野耐　講談社現代新書　平成十六年
『近代人物号筆名辞典』近代人物研究会　柏書房　昭和五十三年
『乃木希典全集』乃木神社社務所　国書刊行会　平成九年
『日本軍閥の興亡』松下芳男　芙蓉書房　昭和五十年

協力者（敬称略・五十音順）
池田準二　石丸耕一　栗田芳正　栗田光久　仙波光子
場生松辰夫　山崎薫

写真提供者（敬称略・五十音順）
矢野桂　矢野智子　常磐同郷会

撮影
仙波実　田所軍兵衛

カバー表
正装の仙波太郎（大正末期）
カバー裏
仙波家家紋「折敷に三文字」（「自画像」より）

監修　仙波 実（せんば　まこと）

1951年　岐阜市生まれ　（仙波太郎の孫）
東京理科大学理工学部工業化学科、機械工学科卒業
高岳製作所執行役員、技術開発本部副本部長、技術開発研究所長等歴任
著書：『東京湾をつないだ男たち』(共著)日経BP社
表彰：電気学会学術振興賞進歩賞（1994年）

著者　田所 軍兵衛（たどころ　ぐんべえ）

1976年　松山市生まれ
立命館大学文学部中国文学科卒、立命館大学大学院文学研究科博士前期課程（東洋思想専攻）修了
京都明徳高校、京都女子高校講師のち、愛媛県県立高校教諭
伊予史談会所属
著書：『仙波将軍と田所大佐』愛媛新聞サービスセンター

評伝《ひょうでん》　仙波太郎《せんばたろう》

2023年２月20日　　第１刷発行
監　修　　仙波　実
著　者　　田所軍兵衛
発行者　　松尾　一
発行所　　まつお出版
〒500-8415
岐阜市加納中広江町68　横山ビル
電話 058-274-9479
郵便振替　00880-7-114873
印刷所　　ニホン美術印刷株式会社

ISBN978-4-944168-52-1　　C0023

会社訴訟の要件事実

令和４年８月18日　初版発行

著　者　岩　谷　敏　昭

発行者　新日本法規出版株式会社
代表者　星　　謙一郎

発行所　新日本法規出版株式会社
本　社　(460-8455)　名古屋市中区栄１－23－20
総轄本部　電話　代表　052(211)1525
東京本社　(162-8407)　東京都新宿区市谷砂土原町２－６
電話　代表　03(3269)2220
支　社　札幌・仙台・東京・関東・名古屋・大阪・広島
高松・福岡
ホームページ　https://www.sn-hoki.co.jp/

ISBN978-4-7882-9066-2
5100232　会社訴訟要件